プロレス熱写時代

プロレスカメラマンが撮った日本プロレス黄金期

LEGEND Ⅱ：Japanese professional wrestlers edition

元『週刊ゴング』カメラマン
大川昇

彩図社

GLIO

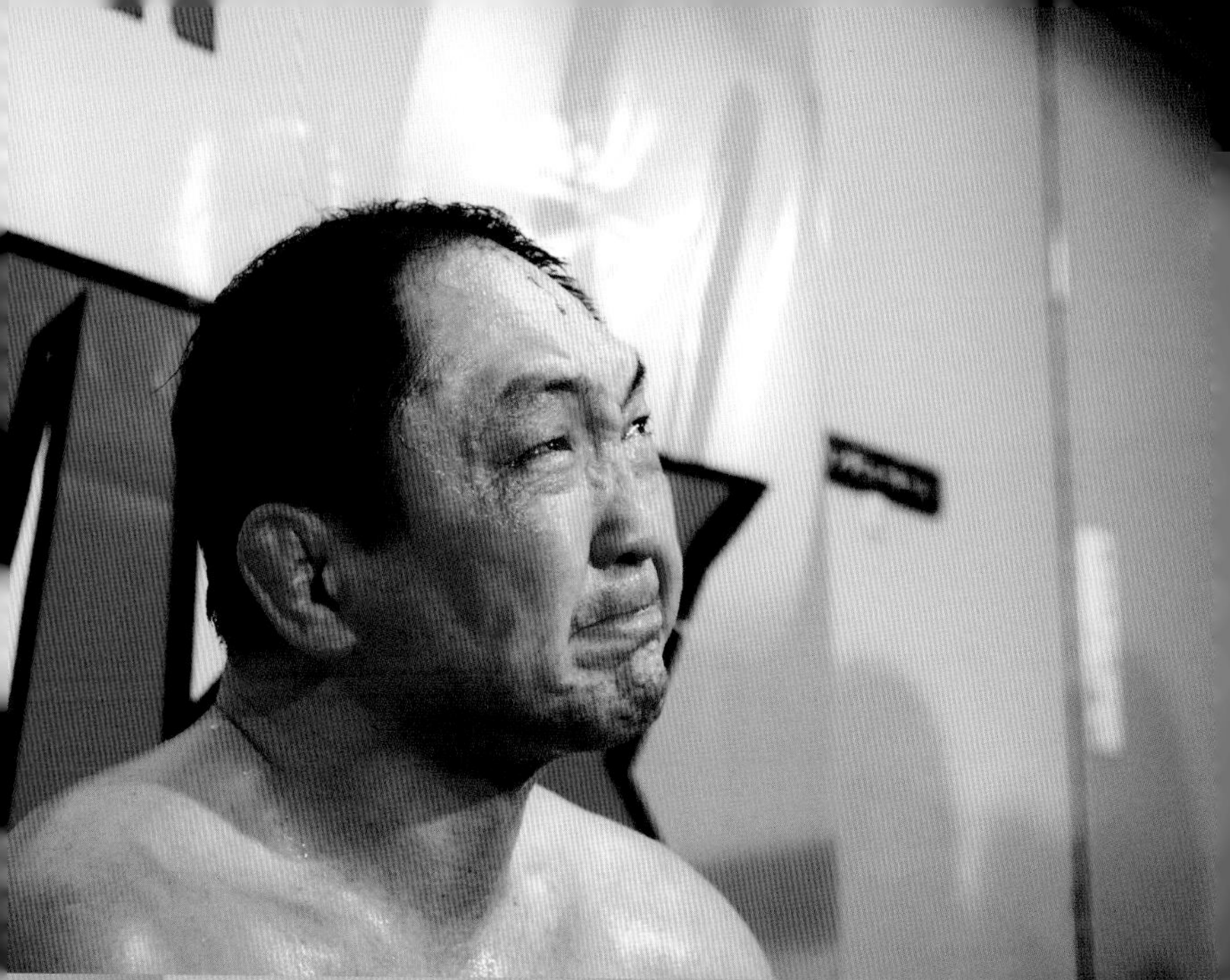

プロレス熱写時代

プロレスカメラマンが撮った日本プロレス黄金期

元『週刊ゴング』カメラマン
大川昇

彩図社

はじめに

２０２１年10月に発売させていただいた僕の初めての著書『レジェンド　プロレスカメラマンが撮った80～90年代外国人レスラーの素顔』は、日本人プロレスラーは扱わず、あえて「外国人編」にしていた。

それは僕の中で、もしその書籍が奇跡的にうまくいったら三部作にしたい、という願望があったからだ。実際、今回の書籍『プロレス熱写時代』は、『レジェンド』の第二弾的な位置づけで、海外で縁があった日本人選手を中心に取り上げることができた。さて、僕の願望は第三弾まで辿り着けるだろうか……？

『レジェンド』の発売後に、一番嬉しかったことは、出版元である彩図社の営業部・小松原さんが売上部数が確定する前に「第二弾もやりたいですね！」と言ってくれたことだった。一緒に仕事をした方が「また一緒に仕事をしたい」と思ってくれる。これは僕にとってとても大切なことだ。

本書は、１９８７年に僕がプロレス業界に入ってから36年の年月の中で、特等席で目撃した日本人レスラーの凄さや海外でのエピソードを、僕が撮った写真とともに、僕の勝手な思いと感謝を込めて綴らせていただいた本である。

本のために写真をまとめて、記憶を手繰り寄せていたら、〝あの時の出会い〟と〝あの時の一言〟が、僕の人生にどれほど影響を及ぼしたのかを改めて思い知った。

１９９０年……浅井嘉浩（ウルティモ・ドラゴン）との出会いにより、僕の人生は大きく変わったのだといま思う。「海外＝メキシコ」でのたくさんの〝ご縁〟は、すべて彼からいただいたものだ。

対談に登場してくれた鈴木みのる選手とは、念願かなって僕が目撃した天龍さんとの「とっておきの話」ができたし、「生涯現役宣言」まで聞き出すことができた。

そして本書の「あとがき」は、『週刊ファイト』、そして『週刊ゴング』で苦楽をともにしたGKこと金沢克彦さんに書いていただいた。『レジェンド』が発売されたとき、金沢さんはブログで本の紹介をしてくれた。そのときの文章が凄すぎて、僕がプロレス業界で何をしてきたのかということが全部が書かれてあった。それをそのまま紹介させていただければ、僕のことを読者のみなさまに理解していただけるのではないかと思い、「あとがき」をお願いした次第だ。実は「あとがき」をお願いした日、僕と金沢さんは周りが引くほどの言い争いをした。それでも金沢さんは「あとがき」は引き受けてくれたのだ。社会人になって36年……その直球同士の距離感は変わることがない。

自分の人生を振り返ったとき、30歳までに見苦しいぐらい本気で闘ったことによって、現在の自分が存在しているように思える。

『週刊ファイト』から『週刊ゴング』での日々。

まさに〝青春時代〟……あの頃、僕らは本気で闘っていた。

そのときのプロレスに対する熱い思いを、僕の写真と文章から少しでも感じていただけたら幸いだ。

〝感謝〟

『プロレス熱写時代～プロレスカメラマンが撮った日本プロレス黄金時代～』目次

第一章
我が青春のジャパニーズ・ルチャ

ユニバーサル・レスリング連盟

UNIVERSAL PRO-WRESTLING Co.,Ltd.

未だ忘れ得ぬ旗揚げ戦の衝撃

今となっては伝説の団体となったユニバーサル・レスリング連盟、通称〝ユニバ〟は、1990年3月1日、後楽園ホールで旗揚げした。

この日の試合前のリング上で見た光景を、僕は一生忘れることができない。

開場前の後楽園ホール、リング上ではたくさんのルチャドールたちがロープの張りなどのリングチェックをしていた。その中でまさに〝無重力〟でポンポンとロープを駆け上がり、最も簡単にトンボを切っていたのが、スペル・アストロだった。試合前から空中戦の本場メキシコのスペル・エストレージャ（スーパースター）の凄さを目の当たりにして、僕はユニバ旗揚げ戦の大成功を確信した。さらにこの日、浅井嘉浩がベールを脱ぎ、待望の日本デビューを飾った。浅井は本邦初公開のラ・ケブラーダを披露し、一夜にしてスターが誕生した。

ユニバが旗揚げする前は、ルチャドールが来日しても単身の場合がほとんどで、日本で実力を発揮することはなかなかできなかった。

ユニバの功績の一つは、テクニコ（ベビーフェイス）とルード（ヒール）を同時に招聘したことだ。そうすることで、現地メキシコの闘いをそのままの形で日本に持ち込むことができる。この成功は、のちにテクニコとルードが同時に招聘された伝説の一戦「レイ・ミステリオ・ジュニアvsシコシス」、そして今では毎年恒例となった「ファンタスティカマニア」へと受け継がれていく。

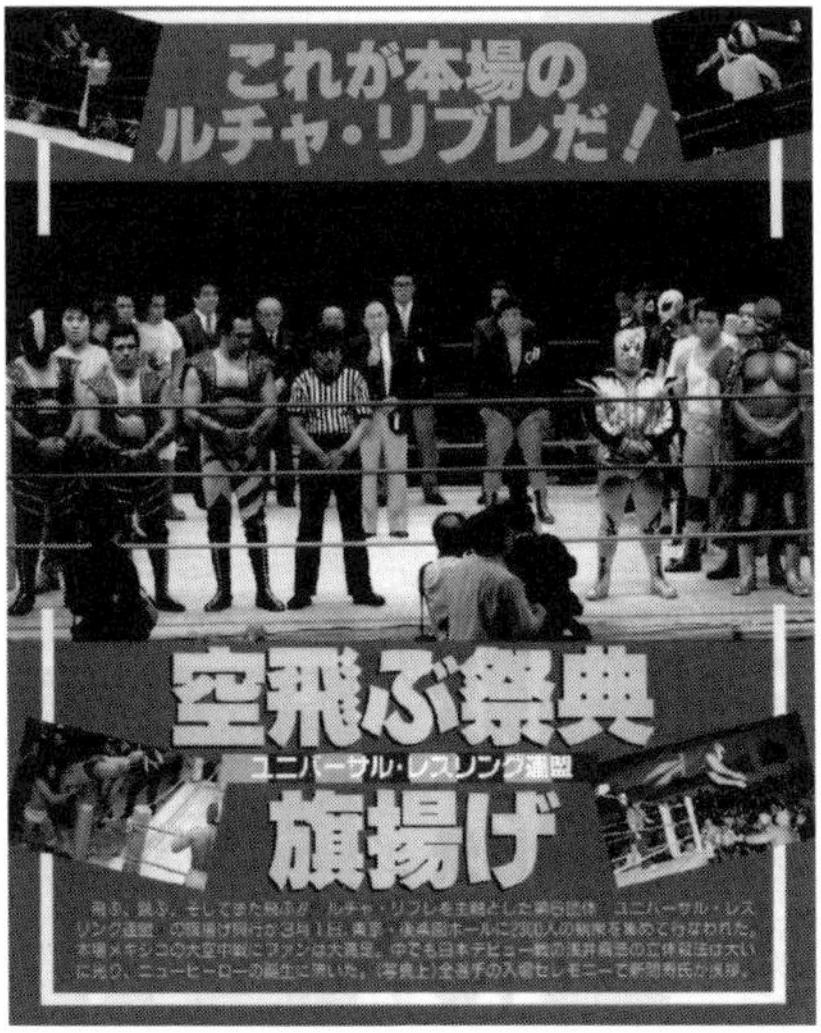

ユニバの旗揚げ戦を報じる『週刊ゴング』の誌面

カメラマンの腕が鳴る団体

このユニバの旗揚げにより、僕はプロレスカメラマンとして、空中戦の凄い写真を撮ることに心を奪われた。

他のスポーツ撮影に比べると、プロレスのカメラマンにはある意味自由がある。野球、サッカー、ボクシングなどはいずれもカメラマン席が決められているため、決まった場所から撮影するしかない。一方、プロレスは、リングの周り4面を自由に動き回って撮影できるため、工夫とポジショニング次第で自分にしか撮れない写真を撮ることができる。

ユニバの旗揚げ、浅井嘉浩の衝撃のデビューにより、僕のカメラマン魂に火が付いた。

この日から僕は、空中戦の分野において世界一のカメラマンを目指した。この目標はプロレスカメラマン生活36年の中で、自分自身で納得のいくところまでは行けたと思っている。

2018年、ファンタスティカマニアの撮影で来日したCMLLのオフィシャルカメラマンのアレクシスと二人で食事をした。そのとき、僕は彼に「これからは君の時代だよ」と伝えた。

当時、アレクシスはすでにものすごい写真を撮るようになっていた。僕は彼が子どもの頃からリングサイドで撮影する姿を見てきたので「あの子がここまできたか⁉」と素直に感慨深かったのだ。でも、このときは心のどこかで「まだ負けない！」という気持ちも少しあった。

しかし……、アレクシスはコロナ禍のこの数年でさらに進化し、僕の想像を遥かに超えた創造力で世界一の空中戦カメラマンとなった。そしてただひとりのCMLLのオフィシャルカメラマンになり、〝唯一、そこにいることができる人〟になった。最近のアレクシスは、写真と同時に動画まで撮影している。完全に世代交代された気分だ（笑）。

ユニバーサルのもうひとつの功績

僕が考えるもうひとつのユニバの功績は、日本のマスクコレクション文化を〝本物〟思考へと導いたこ

スペル・デルフィン vs SATO の UWF ウェルター級選手権

1993年3月31日（後楽園ホール）、デルフィン vs ブラックマンのマスカラ・コントラ・マスカラが実現

「モンゴリアン勇牙」（左）と〝オヤジ〟シグノ＆ルード

ユニバーサル・レスリング連盟　思い出の逸品

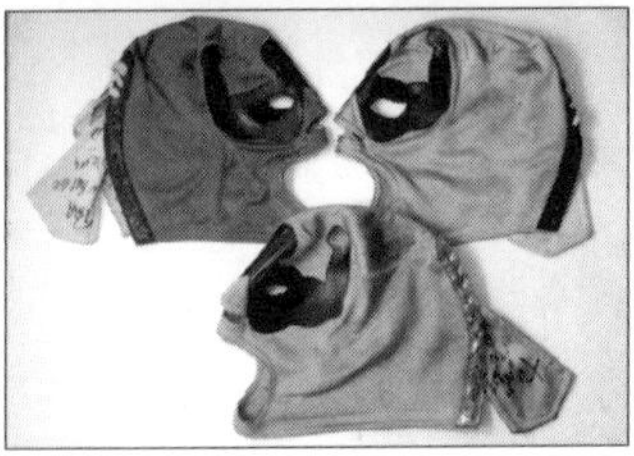

上段左：ユニバ時代に浅井嘉浩からプレゼントされた赤い忍者コスチューム
上段右：ユニバからみちのくプロレス旗揚げシリーズに参戦したエル・ルードのマスク
下段：初めて手に入れたブラソス3兄弟の「ケンドー製」マスク

とだ。

それ以前からコアなマスクコレクターは存在していたが、ユニバの売店には来日した選手の〝本物〟のマスクが並んだ。場合によっては選手本人から購入できる時代がきたのだ。

これにより、「何製（どのマスク職人が作ったか）」「素材」「使用済」など、日本のマスク文化は〝本物〟思考への時代となった。近年、アメリカ、メキシコでもマスクコレクターが急増しているが、日本人マスクコレクターの知識は他の追随を許さない。この二つの功績を考えると、今の僕を形成してくれた根本はユニバにあったのかもしれない。

そして、一番の功績は、〝ジャパニーズ・ルチャ〟の片鱗を見せ、ウルティモ・ドラゴン、ザ・グレート・サスケ、スペル・デルフィン、新崎人生、邪道、外道、ディック東郷、カズ・ハヤシ、TAKAみちのく……数え上げたらキリがない、後に世界で活躍するスターの原石を見出したことだ。

ルチャ好きだったロッシー小川さんとの縁で全日本女子プロレスと提携したことにより、男性ファンにとって女子プロレスが身近になったこともユニバの功績の一つかもしれない。

子どもの頃からプロレス雑誌の影響で、メキシコとマスクに興味を持っていた僕にとってユニバは夢のような団体だった。

そしてユニバ旗揚げの翌年、僕はついに子どもの頃からの夢を実現させ、メキシコへ旅立ったのだった。

ユニバ後楽園ホール大会では、ブラソスファミリー揃い踏みも実現

FULL 時代には屋外での興行も。浜田 & ドス・カラスの W プランチャ共演。

ユニバのリングでは、ドスカラス vs ワグナー Jr. という大物ルチャドール同士の対決も実現

みちのくプロレス

MICHINOKU PRO-WRESTLING

地方プロレスの礎を築いた地域密着型のプロレス団体

1993年3月16日、のちに日本プロレス界の業界地図を変えることとなる伝説の団体・みちのくプロレスが産声を上げた。創設者となったザ・グレート・サスケは、ユニバのギャラ未払い問題などで、苦肉の策として東北の地で自力での旗揚げを決意。このとき、若干23歳。大きなスポンサーを後ろ盾にしたわけでもなく、プロレスの興行に不向きとも思える猛暑と厳冬の東北の地で、盛岡を拠点に東北中を回る〝地域密着〟スタイルでの一からのスタート。

みちのくプロレス誕生前夜、僕は東北へのバス移動から同行し、ユニバからの流れで旗揚げシリーズに参戦したルチャドールたちと龍泉洞や温泉での撮影、旗揚げ会見を取材。旗揚げ前夜には、合宿所で行われたミーティングにもなぜか参加していた。この日から、みちのくプロレスは、同世代の選手たちと我々マスコミが一緒に作り上げていく愛おしい団体となった。

地域密着で地道に活動を続けたみちのくプロレスの東京初進出は、1994年2月4日。超満員の観客で〝聖地〟後楽園ホールが埋まった。その2か月後の4月16日・両国国技館で開催された第1回「SUPER J-CUP」にサスケ、デルフィン、TAKAみちのくの3選手が参戦し、大ブレイクすると、みちのくプロレスは全国区の人気団体となった。

その2か月後には、デルフィンとTAKAみちのくが、新日本プロレスの「ベスト・オブ・ザ・スーパージュニア」に参戦、デルフィンは、獣神サンダー・ライガーを相手に〝デルイガー〟で優勝戦進出の快挙で、さらに人気が大爆発し、この夏からは、日本中から東北までみちのくプロレスを観戦に出かけるファンが急増した。俗に言う〝密航〟である。

噂の〝町村おこし・脱都会ルチャ団体〟

みちのくプロレス旗揚げ!!

東北をフィールドとしたルチャ・リブレ団体〝みちのくプロレス〟が遂に旗揚げした。3月16日、岩手・矢巾町民総合体育館で行なわれた〝旗揚げシリーズ〟第1戦には1920人超満員のファンが詰めかけた。そのサスケ・フィーバー、みちプロ・フィーバーぶりを現地密着追跡してみた。

みちのくプロレスの旗揚げ戦を報じる『週刊ゴング』

この後、みちのくプロレスが自信を持って提供した6人タッグマッチは〝みちのく・ザ・ベスト〟と呼ばれ、ジャパニーズ・ルチャの最高峰の戦いとなり、ある種のブランドとなった。

一緒に作り上げていく良好な関係

旗揚げ当初から、みちのくプロレスと週刊ゴングの関係は良好で、気持ちよく取材ができ、物事をともに作り上げられる関係だった。

試合のリポートのみならず、屋外でマスクマンをフルコスチューム姿で撮影する企画ページは、週刊ゴングの十八番だった。個人的に思い出に残っている撮影は、失踪中（？）だったヨネ原人をデルフィン軍団（デルフィン、新崎人生、TAKAみちのく、愚乱・浪花、モンキー・マジック）総出で、東北の村で大捜索した「ヨネ原人を探せ！」だ。デルフィンたちは真顔で、畑仕事をしていたお年寄りに持参したみちのくプロレスの大会ポスターを見せて「この人を見ませんでしたか？」と聞いて歩くのだ。一見馬鹿馬鹿しいことを真面目に一生懸命やる、〝明るく楽しいジャパニーズ・ルチャ〟の魅力全開の企画だった。最後は、沼に潜んでいたヨネ原人を発見、その姿をカメラにおさめ、デルフィン軍団全員で数珠繋ぎ状態で、沼からヨネ原人を引き上げ撮影終了。発見されたヨネ原人は、沼から一番近いホテルの一室でシャワーをお借りすることとなった。

もう一つ印象に残っているのが、ディック東郷、MEN'S テイオー、獅龍の平成海援隊（のちの海援隊★DX）の三人を三陸のリアス式海岸で〝赤いふんどし〟姿で荒波のなか撮影したことだ。ある意味振り切った撮影で、平成海援隊そのものの勢いを感じる企画だった。撮影の終盤、一人の選手が荒波に足を取られて波に攫われそうになるアクシデントが……ことなきを得たので今では懐かしい思い出だが、昭和時代の若さゆえのちょっと無茶な撮影だったのかもしれない。

東北の大自然、青い海、青い空、豊かな緑をバックにマスクマンたちのフルコスチューム姿での撮影は、非日常的な写真を撮ることができ、達成感のある企画だった。

1996年のイギリス遠征、メキシコ遠征にも同行し、信頼関係を深めた。

三陸海岸の荒波の中、赤ふん姿での撮影を敢行した平成海援隊

デルフィン軍団総出での大捜索の結果、遂に沼に潜んでいたヨネ原人を発見！

必死の聞き込みでもヨネ原人を発見できずに途方に暮れるデルフィン軍団

ヨネ原人を発見すると、デルフィン軍団は数珠繋ぎで沼から引き上げた

新崎人生の四国巡礼に合流したデルフィン軍団

みちのくプロレス　思い出の逸品

デルフィン軍団サイン入りの竹笠と愚乱浪花・スーパージュニア使用済マスク

僕にとってユニバは〝他のカメラマンとは違う角度での写真〟を撮るためにリングサイドで試行錯誤するきっかけとなった団体だった。一方、みちのくプロレスは、大自然の屋外で〝都会では撮ることができない自由な写真〟を撮る経験をさせてくれた。両団体が、若かった僕にたくさんの経験を積ませてくれた。

1993年、ユニバからスライドした若者たちがサスケ、デルフィンを中心に、自力で一大ブームを起こした。彼らは日本を飛び出し世界中で活躍し、4代目タイガーマスク入団、ふく面ワールドリーグ戦開催、宇宙大戦争とヒット企画も連発させてきた。その後もフジタ〝Jr〟ハヤト、拳王という逸材を輩出、現在は、MUSASHIを中心に未来ある若者たちが所属している。

あの日、若干23歳の若者だったサスケが人生を賭けた大勝負で旗揚げしたみちのくプロレスは、地域密着型の先駆けの団体として2023年、旗揚げから30周年を迎えた。みちのくプロレスの成功によって、それまで首都圏中心の興行ばかりだったプロレスの文化が日本中へと波及し、今では北は北海道〜南は沖縄まで地域密着型のプロレス団体が存在し、日本のプロレス団体の総数は120を超えたと言われている。

みちのくプロレスには今も創設者のサスケ、新崎人生、そしてフロントの宇田川氏がいる。今でも僕にとってみちのくプロレスは、あの頃のままの心地よい団体であり続けていてくれる。みちのくプロレスは間違いなく僕の青春だった。

ザ・グレート・サスケ

The Great Sasuke

カメラマン魂を熱くさせた稀代の空中ファイター

のちに〝東北の英雄〟として日本一の空中ファイターとなるサスケは、デビュー当初、「みちのくふたり旅」を入場曲に使用し、東北をイメージしたMASAみちのくとして、ユニバの前座戦線で凄い受け身をとる若手レスラーだった。

当時、ユニバの前座の名物カード、パニッシュ&クラッシュ（現・邪道&外道）vsモンキーマジック・ワキタ&MASAみちのく（現・デルフィン&サスケ）のフィニッシュは連日、パニクラの繰り出すスーパー・パワーボム（雪崩式のパワーボム）だった。その強烈なフィニッシュを凄い受け身で連日受け切っていたのが、若き日のサスケだったのだ。

そんなMASAみちのくが、師匠・浅井嘉浩のユニバ離脱が噂された1991年11月14日・後楽園ホールで、衝撃的な飛び技を初披露した。初代タイガーマスクの伝説の技「スペース・フライング・タイガー・ドロップ」をさらに進化させた「サスケ・スペシャル」を場外へ決め、隠し持っていた空中ファイターと

【ザ・グレート・サスケ】 1969年生まれ、岩手県出身。新日本プロレスのプロレス学校を経て、1990年にユニバーサル・プロレスリング連盟でデビュー。93年3月、みちのくプロレスを旗揚げし、東北の地にルチャを根付かせた〝東北の英雄〟。

しての扉を開けた。その後、メキシコ遠征でマスクマン〝ニンジャ・サスケ〟に変身、僕は幸運にも、メキシコ修行中のニンジャ・サスケ&モモタロウの取材をする機会に恵まれた。メキシコ遠征から帰国すると、ザ・グレート・サスケとなった。

ユニバの旗揚げとともに、僕に芽生えた空中戦撮影への意欲。そんな僕がプロレスカメラマンとして個人的に、思い出深いシーンが、1992年10月25日・後楽園ホールで実現したサスケvsブルドックKT（現・外道）の終盤にサスケが繰り出した〝ラ・ケブラーダ〟だ。現在のデジカメ時代とは違い、この日は、フィルムでのストロボを使用した一発勝負の撮影だった。

「最高のタイミングで撮れた！」そう思ったが、フィルムが現像から上がってくると、僕の理想より、ほんの少しだけシャッターを押すタイミングが遅かった。それでもその写真は『週刊ゴング』の誌面に大写真で掲載された。こうなるとさらに悔しい。

後日、この試合のビデオを取り寄せ、何度もこのシーンを見返して、僕のストロボが光る瞬間を確認し、サスケの繰り出す〝ラ・ケブラーダ〟撮影の最高のタイミングを研究した。その結果、僕は、サスケの対戦相手の後ろに立ち、ギリギリまで我慢し、美しく弧を描いて飛んだサスケの両足の間から顔が見えた瞬間を狙うようになったのだ。余談ではあるが、この僕の撮影姿勢に対して、ある新聞社のカメラマンが「対戦相手の後ろでカメラマンが撮影するのはおかしい！」と言っていたそうだ。

その後、僕がサスケvs新崎人生でサスケの場外へのトペ・コンヒーロを対戦相手の新崎人生の後ろに立って撮影し、この写真が『週刊ゴング』で大写真で掲載されると、後日、サスケ本人から「大川さんが

問題のラ・ケブラーダの写真。自分の中ではシャッターを押すのがワンテンポ遅かった。

凄い場所で撮影してくれた」と言ってもらったことがある。僕の『週刊ゴング』での仕事は、会場で観られなかった全国のファンに、一枚の写真を通じて選手の凄さを伝えることだと思っている。それを確信できたサスケからの一言だった。

リングを離れても写真を撮りたい選手

試合の撮影以外でもサスケは格好の被写体だった。同行した海外での撮影で、イギリスでは、朝からビッグベン、アビーロードなどの観光名所で精力的に撮影し、夕方試合会場に着くと、すぐにフルコスチュームに着替え、会場前でも撮影した。メキシコ遠征の際は、憧れの〝サトル・サヤマ〟が巻いていた〝赤いベルト〟NWA世界ミドル級のベルト姿で街中で撮影していると、自然とメキシコの子どもたちが集まってきた。大好きな写真だ（43ページ）。

日本では、東北の圧倒的な大自然の中、リムジンでの撮影、ロス・ファンタスティコスでの撮影、そして、『週刊ゴング』が終わろうとしていた2006年5月、『別冊ゴング』創刊号で僕が企画した「サスケの春夏秋冬」で、春には、桜が満開の北上・展勝地、夏には、盛岡・さんさ踊りを撮影、メキシコでの撮影と同様にここでもサスケの周りにはすぐにたくさんの人達が集まり、自然と記念写真に収まり、ほっこりとしたときとなる。まさに〝東北の英雄〟だった。この企画は、竹内宏介さんの指示で、僕が一人で撮影し、原稿も書いた思い出深い企画だった。竹内さんは『週刊ゴング』の名物企画「三者三様」にも僕を

新崎人生の背後に立って撮影したトペ・コンヒーロ

ケンドー（中）、カト・クン・リー（右）のロス・ファンタスティコスと一緒に

『別冊ゴング』の企画「サスケの春夏秋冬」で、北上・展勝地を訪れた

抜擢、僕に誌面を通じて何かを伝えるチャンスを下さった。その経験もあって、今こうしてこの本を執筆する機会を頂けていると思う。

残念なことに「サスケの春夏秋冬」は2回で終わってしまった。秋&冬を撮れなかったことは若干の無念が残るが、かけがえのない経験だった。

おそらく世界中のマスクマンの中で、サスケが一番素顔を見せないマスクマンだと思う。さんさ踊りの撮影後も、一緒に盛岡駅へ移動し、レストランでお茶をし、新幹線に乗り込み、東京駅で別れるまで、一度も素顔を見せることはなかったし、僕の店を訪ねてくれた際も、僕の前ではもちろんのこと、近所の方から「さっき、サスケが歩いてたよ」と報告を受けたこともあるぐらいだった。

そのプロ意識は、〝仮面貴族〟ミル・マスカラス、〝聖者〟エル・イホ・デル・サントを超えている。

仮面貴族フィエスタで見せたラ・ケブラーダ

２０１１年10月7日、僕は後楽園ホールで、当店デポマートの10周年記念興行「仮面貴族フィエスタ２０１１」を開催。大会直前、メキシコに滞在していた僕の携帯が鳴る。こういうタイミングの電話に良い話はほとんどない。電話の相手はＤＤＴの松井レフェリーだった。

「嘘だろ〜」そんな思いで電話に出ると、案の定、飯伏幸太選手が怪我で出場できそうにないと言う。飯伏選手は、〝ハヤブサ・プロデュースマッチ〟で、この大会限定のマスクマン〝ハヤブシ〟として登場し、プリンス・デヴィット選手（現ＷＷＥのフィン・ベイラー）と闘う予定だった。二人の絡みは、僕にとってこの大会の密かな目玉だった。僕はすぐにハヤブサに相談。二人の意見はサスケで一致し、サムライＴＶの収録時にオファーすることに決めた。するとそのタイミングで僕の携帯が鳴った。みちのくプロレスの宇田川氏からだった。旧知の宇田川氏は「飯伏選手の代わりにサスケをどうですか？」と連絡してくれたのだ。ありがたすぎる申し出に即決、オファーは予定通りにサムライＴＶの収録時にさせてもらった。

この頃のサスケは、僕の思い入れのある技〝ラ・ケブラーダ〟をほとんど見せていなかった。もしかしたら、僕のそんな思いが当初のメンバーにサスケを選ばなかった理由だったかもしれない。この試合のプロデューサーだったハヤブサは、〝ブラックスワン〟バージョンでの出場をリクエストしていたが、当日入場してきたサスケは、黒のショートタイツ姿で、グッドシェイプで臨戦態勢だった。

試合は、完全にサスケを中心に回っていた。終盤、デヴィット、人生、サムライ、健介、大ハヤブサの順で場外への大空中戦5連発を披露。しかし……サスケは飛ばない。フィニッシュ直前、リング上では大ハヤブサがサムライを捉えようとしていた。その瞬間、サスケはデヴィットをリング下に落とし、〝ラ・ケブラーダ〟を決めてくれたのだ。放送席の解説・鈴木健氏が「これは珍しい！」と絶叫、ハヤブサも「凄いものを観た！　何年ぶりだろう？」とコメントした。あれから12年の月日が流れた今、あの日の〝ラ・ケブラーダ〟は、僕とハヤブサへのサスケからのプレゼントだったのかなあと思えてきた。

ラ・ケブラーダ、鉄柱越えトペ・コンヒーロ、ライダーキック、サスケ・スペシャル……。破天荒な飛び技の数々で時代を掴んだ男、ザ・グレート・サスケは、僕のプロレスカメラマンとしてのプロ意識を最も刺激してくれたプロレスラーだった。

ザ・グレート・サスケ　思い出の逸品

上段左：サスケからプレゼントされた2枚のマスク。左のマスクは1992年10月25日・後楽園のブルドックKT戦使用。下段左：『週刊ゴング』の取材（上段右）で実際に使用された「初代タイガーマスク×サスケ」コラボハーフマスク。Wサイン入り（下段右）。

4代目タイガーマスク

Tiger Mask IV

世界一のタイガーマスクファン

4代目タイガーマスクは、初代タイガーマスクの佐山聡さんから直接指導を受け、デビュー戦からタイガーマスクというブランドを背負ってきた唯一無二の存在だ。

1995年7月15日、後楽園ホールで開催された「格闘技の祭典」で、ザ・グレート・サスケを相手にデビュー。試合後、みちのくプロレス入りが決まった。

タイガーとは、イギリス、メキシコ遠征に同行する機会に恵まれた。イギリス遠征では、サミー・リー（初代タイガーマスク）が若手時代に活躍したロイヤル・アルバート・ホールを訪ね、サミー・リーのライバルだったウェイン・ブリッジさんとの対面を楽しんだ。ちなみにこのイギリス遠征でのリングコールでは、〝サミー・リー・ジュニア〟タイガーマスクとコールされた。

二度目のメキシコ遠征では、「カネックさんに会えますかね？」というタイガーのリクエストで、僕からカネックさんにお願いをして、「ハム・リー・ジム」での面会が実現。話が盛り上がるとマットを使った軽いスパーリングとなった。

このふたつの海外遠征に共通するのは、タイガーはとにかく師匠の佐山さんが通った道を追いかけていたということ。初代タイガーマスクへの〝憧れ〟なのだ。シューティングをベースに厳しい練習を経てデビューしたが、素顔のタイガーはマスク好きで、ルチャ好きで、世界一のタイガーマスクファンなのである。

タイガーは、２００２年、みちのくプロレスから新日本プロレスへ移籍する。

実はこの移籍は、タイガーの「ライガーさんと話をしたいんですが……」という僕への一言から始まった。その数日後、僕は新日本プロレスの会場で、ライガーさんに「タイガーが話したいことがあるそうです」とだけ伝えさせていただいた。するとライガーさんは、すべてを察してくれたのか「本当？（新日本に）くるの？」と言って話し合いが実現することとなった。

新日本プロレスに移籍後は目覚ましい活躍で、２００３年4月23日には金本浩二を破り第44代ＩＷＧＰジュニアヘビー級王座を獲得。04年&05年には、ベスト・オブ・ザ・スーパージュニアを連覇。翌日の一夜明け会見で妻となる泉さんとの婚約を報告。僕は『週刊ゴング』表紙用に、上野毛道場近くの多摩川でおふたりの笑顔の2ショットを撮影させていただいた。

２００６年2月19日には、ブラック・タイガーとのWタイトルマッチに勝利し、ＩＷＧＰ&ＮＷＡのジュニア二冠チャンピオンとなった。このＮＷA世界ジュニアヘビー級王座（白いベルト）奪取→ジュニア二冠も、初代タイガーマスクへの〝憧れ〟だったことは言うまでもない。新日本プロレスに移籍したタイガーにとって、２００３年からの4年間は、まさに新日ジュニアの顔となった4年間だった。

【4代目タイガーマスク】 1970年生まれ、千葉県出身。佐山聡のスーパータイガージムでトレーニングを積み、1995年に「格闘技の祭典」で4代目タイガーマスクとしてデビュー。ジュニアのトップ戦士として多数のタイトルを獲得するなど活躍を続けている。

リアルジャパンプロレスのリングで実現した師弟対決は、特別な緊張感があった

タイガーのIWGPジュニアヘビー級チャンピオン時代で、個人的に感慨深いのが2009年の〝神の子〟ミスティコとのIWGPジュニアヘビー級選手権2連戦だ。メキシコで大ルチャブームを巻き起こしたミスティコの初来日はみちのくプロレスで、そのときのリングネームは新幹線キャラの「こまち」だった。デビュー直後をみちのくプロレスで過ごした二人が、新日本プロレスのビッグマッチ、両国国技館大会でIWGPジュニアヘビー級王座を懸けて戦ったのだ。結果はミスティコが勝利し、第57代IWGPジュニアヘビー級チャンピオンとなり、3か月後に行われたリマッチでは、タイガーが勝利し王座を奪還した。

この2連戦から14年……二人は特別な友情で結ばれた。メキシコではミスティコがタイガーを、日本ではタイガーがミスティコを、それぞれ食事に招待する特別な関係が続いている。

二人のお子さんとの3ショット。新日本プロレスで親子タッグが見たい！

6年ぶりの王座戴冠と僕の妄想

気がつけばタイガーも、第三世代と呼ばれるキャリアと年齢になっている。何度か大きな怪我もあり、数年前には、引退を覚悟するような大病も経験した。タイガーマスクとしての〝最終章〟に差し掛かっていることは間違いない。

そんなタイミングで2022年6月19日、全日本プロレスの世界ジュニアヘビー級王座への挑戦が決まった。このとき、タイガーから「大川さん、リングサイドで立ち会ってください」と言ってもらった。僕は全日本プロレスさんにリングサイドでの撮影許可を申請し、世界ジュニアヘビー級選手権が行われる大田区総合体育館へと向かった。

彼の言葉から、シングル王座への挑戦は最後になるかもしれない、そんな覚悟を感じたからだ。

試合は、チャンピオンの佐藤光留選手と独特な緊張感ある攻防の末、無骨なタイガースープレックスでタイガーが勝利し、第62代世界ジュニアヘビー級王座を奪取。6年3か月ぶりのシングル王座戴冠だった。試合後は、笑顔のベルト姿を撮影させてもらった。

考えてみれば、僕のプロレスカメラマン人生で、デビュー前から知り合い、デビュー戦に立ち会い、その姿をずっと追い続けてきた選手はタイガーしかいない。そのタイガーが再びシングル王座を戴冠する瞬間に立ち会えたことは、プロレスカメラマン冥利に尽きる出来事だった。

4代目タイガーマスクがあと何年リングに上がってくれるのかはわからないが、ちょっとだけ期待していることがある。

タイガーには、イケメンの二人の息子さんがいる。もし彼らが、プロレスラーを目指してくれたら……。タイガーマスク・ジュニア&イホ・デ・タイガーマスク？　タイガーマスク・ジュニア1号&2号？　親子タッグも実現するかも……なんて妄想してしまう（笑）。新日本プロレスの歴史において、所属レスラーの息子が新日本プロレスでデビューしたことは意外にもない。親子タッグが実現したら、リングサイドでタイガーマスク親子を撮影したい！

4代目タイガーマスク　思い出の逸品

1995年7/15・後楽園ホールにおけるサスケとのデビュー戦で使用されたマスク。

2022年6月19日・大田区総合体育館で全日本プロレスの第62代世界Jrヘビー級王者となった

スペル・デルフィン

Super Delfin

プロレス、マスク、野球……趣味が合うコレクター

１９９１年12月、僕はメキシコ修行中のモモタロウ（現・スペル・デルフィン）&ニンジャ・サスケ（現・ザ・グレート・サスケ）の現地取材を敢行した。１９９１年は、僕にとっても初めての渡墨の年だった。マスクマンに変身したばかりの二人は、新しい試合用のマスクのみならず、試合後には、真新しいプライベートマスクを着用して僕の前に現れた。浅井嘉浩のユニバ離脱に揺れる時期だったが、二人にとっては、〝憧れ〟のメキシコ修行の始まりのタイミングだったのかもしれない。

デルフィンとは、プロレス、マスク、野球、おもちゃのコレクションなど、趣味も完全に被っていたうえ、完全な同学年ということもあり、メキシコ修行から帰国後は会話をする機会が増えた。

のちに雑誌の取材でデルフィンが公開した自宅のコレクションルームは、コレクターにとって夢のような空間だった。特に自宅にガラスのショーケースを置くというのは、究極のコレクションルームであり、憧れだった。

メキシコ遠征中のモモタロウ＆ニンジャ・サスケ、試合後プライベートマスク姿で現れた

そんなコレクター同士だったこともあり、スペル・デルフィンに変身した頃「大川さんのマスクコレクションに僕のマスクはいつ頃入りますかね？」と声をかけてくれたことがあった。それから3か月後、スペル・デルフィン初期の貴重な緑のマスクをプレゼントしてくれたのだ。もちろん今も大切にしている。

みちのくプロレス旗揚げ後は、サスケとともに大ブレイク、特にデルフィンは、その明るいキャラクターで人気選手となった。

初出場のスーパージュニアで準優勝、〝デルイガー〟などマスクのデザインも豊富で、様々なコラボも実現させ、マスクマンとしても日本を代表する人気者となった。リング上でも活躍。数々のオリジナル技を生み出し、デルフィン考案のスイングＤＤＴやデルフィン・スペシャルは、今も世界中で使用されている。

『週刊ゴング』特別企画の常連

週刊ゴングの野外での企画撮影は、デルフィン軍団の独壇場だった。最高傑作は、みちのくプロレスの章でも紹介した「ヨネ原人を探せ！」だが、新崎人生の四国巡礼の際も、デルフィン軍団総出のフルコスチューム姿で炎天下に合流。デルフィンがスーパージュニア参戦中の高松大会の夜には、逆に人生が合流し、ライガー&デルフィン&人生の夢の3ショットを撮影、その写真は『週刊ゴング』の表紙を飾った。

デルフィン個人の野外撮影で一番思い出深いのが、須磨海浜水族園での本物のイルカとの撮影だ（61ページ）。撮影の最後には、ベルト姿でポーズを取るデルフィンの後方でイルカたちがジャンプして写真

【スペル・デルフィン】1967年生まれ、大阪府出身。1989年デビュー。メキシコから帰国した1992年よりスペル・デルフィンとなる。その活動はリング上に留まらず、大阪プロレスや沖縄プロレスを創設するなど実業家としても活躍。当選3回を数える和泉市議会議員でもある。

四国でお遍路中の新崎人生の元を訪れたスペル・デルフィン

優勝戦後のデルフィン〝デルイガー〟と優勝者の獣神サンダー・ライガー、ノーサイドだ

に収まってくれた。
　この取材は、須磨海浜水族園側にすべての許可をデルフィンが取ってくれて実現した特別な取材だった。デルフィンは『週刊ゴング』の取材に対して、いつも協力的で、一つの取材をともに作り上げる良い関係だった。

謎の表紙写真そっぽ向き事件

　そんなデルフィンが、大切な集合写真にあわや不参加……という未遂事件があった。

　それは1994年7月30日、矢巾町民総合体育館で開催された『REUNION「再会」』ユニバの同窓会的な大会の前日だった。

　試合当日の午前中、盛岡駅前の北上川の河川敷に主力メンバーのサスケ、ウルティモ、デルフィン、ケンドー、邪道&外道、SATO、獅龍、浪花、TAKA、テリー、KAORUの12選手にフルコスチューム姿で集まってもらい、『週刊ゴング』の表紙用の撮影をする企画だった。

その前日、『週刊ゴング』の編集部が困り果てていた。みちのくプロレスでサスケと並ぶ人気選手のデルフィンが「集合写真には入りたくない！」と言っているという。僕はすぐにデルフィンに電話を入れて説得を試みたが、どんな取材にも協力的だったデルフィンが今回ばかりは首を縦に振ってくれない。最後は拝み倒すしかない。僕は「カメラは見なくていいから、集合写真には入ってほしい」と頼み込み、デルフィンはなんとか当日現れてくれたのだ。大変な思いで完成した『週刊ゴング』の表紙には「我ら青春リバイバル」というタイトルとともに12人のユニバ卒業生たちが1枚の写真に収まったが、デルフィンは本当にソッポを向いていたのである（笑）。

ちなみにこの日の試合後には、みちのくプロレスでは滅多にない大乱闘が起こった。一体何があったのだろう……。

コロナ禍が治まりかけた2022年末、僕とデルフィンも〝再会〟ランチをともにし、いいときを過ごした。あのとき、一体何があったのか？　今度、デルフィンに聞いてみよう。

スペル・デルフィン　思い出の逸品

デルフィンがプレゼントしてくれた初期「IMAI製」マスクと大阪近鉄バファローズのレフトウィッチ投手のユニフォーム

問題の集合写真を掲載した『週刊ゴング』の表紙。デルフィンは、本当にそっぽを向いている（笑）

フジタ〝Jr〟ハヤト

Fujita "Jr." Hayato

漂っていたスターの予感

デビュー当時のハヤトと岡田かずちか（現：オカダ・カズチカ）には、同じ匂いを感じていた。礼儀正しいが目立った印象がない新人が多い中、他の新人達と群れる雰囲気はなく、その人懐っこさと、ちょっとやんちゃな感じが、将来スターになるだろうオーラのようなものを感じさせた。

そんな二人が、２００９年5月、ときを同じくして闘龍門メキシコの合宿所で過ごしていた。このときのドラゴマニア参戦は、ハヤトのご両親もアレナ・メヒコで観戦されていて、彼のご家族との触れ合い方を遠目に見て、素敵な若者だなあと思った記憶がある。

リング上の〝戦い〟の部分では、２００９年12月12日、後楽園ホールで実現した東北ジュニアヘビー級王座をかけての拳王との一戦は、リングサイドで撮影していた僕に、大きなインパクトを与えてくれた。二人の若者のバチバチファイトは、刺激的かつ爽快だった。この二人が将来間違いなくプロレス界の中心にいるだろう予感がしたし、みちのくプロレス新時代を感じさせてくれた一戦だった。

【フジタ"Jr"ハヤト】1986年生まれ、東京都出身。2004年12月にみちのくプロレスでデビュー。新日本プロレスの「SUPER J-CUP」をはじめ、他団体に積極的に進出。将来を嘱望されたが、2017年4月から治療のため長期欠場。2022年7月1日、5年ぶりに本格復帰を果たした。

大病を克服し、奇跡のカムバック

順風満帆だったはずのレスラー人生……。

２０１７年4月、左膝の怪我で欠場中に、脊髄腫瘍髄内腫瘍上衣腫による癌が見つかり、翌年の11月に闘病中であることを公表。

約5年間の想像もつかない壮絶な闘病生活に打ち勝ち、２０２２年7月1日、ハヤトは〝聖地〟後楽園ホールに帰還。現在のみちのくプロレスの象徴であったＭＵＳＡＳＨＩ選手を一発で倒し、9年ぶりに〝あのベルト〟を巻いてみせた。

試合後、バリバリのプロレスラーとして、次なる野望、新日本プロレス・高橋ヒロムとの対戦を熱望し、２０２３年10月15日、みちのくプロレスの矢巾町大会で実現することとなった。

ハヤトの復帰により、男の色気を纏い始めた男達の戦いが再び動き出した。

〝5年間耐えてこその光〟

新崎人生社長がハヤトの復帰後に語った言葉だ。

デビュー当時から、何か気になる存在だったフジタ〝Jr〟ハヤト選手、大病を克服して、リングの中心に戻った彼のこれからがますます気になる。

2009年5月、メキシコ・ナウカルパン地区で撮影したハヤト。初々しい。

第二章 メキシコに渡ったジャパニーズレスラー

ウルティモ・ドラゴン

Último Dragón

世界を驚かせた〝究極龍〟

浅井嘉浩・後に〝世界の究極龍〟ウルティモ・ドラゴンとなり、選手としてのみならず、プロデューサーとしても世界中で大成功を収める。

彼との初めての出会いは、1990年2月、ユニバーサル・レスリング連盟の旗揚げ直前に『週刊ゴング』の編集部を彼が訪ねてきたときだった。人見知りしない明るい性格で、好きなことが一緒。同世代の僕らは意気投合し、この出会いの翌年には僕は機上の人となり、憧れのメキシコへと向かうこととなった。

和製ルチャドールとして、1990年3月1日、ユニバの旗揚げ戦・後楽園ホール大会で忍者コスチュームを身に纏い鮮烈の日本デビューを飾る。メキシコ仕込みのルチャのテクニックに、憧れの〝サトル・サヤマ〟初代タイガーマスクのムーブをミックスさせ、さらに、ラ・ケブラーダ（今では、WWEでこの技が使われるとアナウンサーは〝アサイ・ムーンサルト〟と紹介している）を初公開すると浅井嘉浩は、一夜にしてスターとなった。メリハリの利いた動き、指先まで意識した美しいフォーム、生き生きと

【ウルティモ・ドラゴン】 1966年生まれ、愛知県出身。1987年にメキシコのUWAでデビュー。1990年、ユニバーサルの旗揚げで逆上陸、ラ・ケブラーダ（写真）で衝撃を与える。その後はWCW、WWEなどで活躍。闘龍門を設立するなど、プロデューサーとしても辣腕を振るう。

した表情、人懐っこい性格でマスコミまで魅了し、プロとして必要なものをすべて兼ね備えていた。この日をきっかけに、空中戦の撮影に生き甲斐を感じることとなる僕にとっては、最高の被写体の出現だった。

浅井嘉浩は1991年10月、メキシコのＥＭＬＬ（現ＣＭＬＬ）へ移籍すると、日本での活躍の場をＳＷＳへと移す。これをきっかけにＥＭＬＬの企画部長だったアントニオ・ペーニャさんのアイデアでウルティモ・ドラゴンへと変身した。ちょうどこの直前、メキシコに滞在していた僕らに「メキシコでは、ウルティモ・ドラゴン、日本ではタイガーマスクになりたい」と打ち明けてくれた。僕ら週刊ゴング編集部は、浅井嘉浩と共に旅行先のアカプルコの海辺で「浅井嘉浩・3代目タイガーマスク変身計画」として、タイガーマスクとしての特訓の模様を撮影し、その写真は『週刊ゴング』のカラーページで紹介された。

その後、「オリジナルのマスクマンの方がいいのでは？」というカブキさんのアドバイスにより、日本でもウルティモ・ドラゴンとして戦うこととなった。ちなみに彼は、それから14年後、リアルジャパンプロレスで佐山さんの公認を得て2代目ザ・タイガーに変身、子どもの頃からの夢を叶えた。

敏腕プロデューサーとしてのウルティモ・ドラゴン

1996年には、メキシコでルチャ学校の「闘龍門（ウルティモ・ドラゴン・ジム）」を設立。プロレス界の常識に捉われない手法で大成功を収め、オカダ・カズチカなどのスターを多く輩出、闘龍門は一大ブームを巻き起こした。

1991年、メキシコ・アカプルコのホテルで撮影した幻の〝3代目〟タイガーマスク

2005年5月、闘龍門ジム前で初代タイガーとの集合写真。右後方には後のレインメーカーの姿も。

メキシコでトラックドライバーの協力を得て〝トラック野郎〟新井健一郎を撮影

この頃、僕は闘龍門メキシコの自主興行に合わせて渡墨し、ウルティモ校長が生み出した個性的なキャラクターの選手たちをそのコンセプトに合わせて撮影した。一番の思い出は早朝、大型トラックが集まる場所で〝トラック野郎〟のアラケン（新井健一郎選手）を撮影したことだ。メキシコのトラック運転手は協力的で、運転席はもちろん、トラックの上での撮影もさせてくれたのだ。

闘龍門メキシコ自主興行は、2005年5月14日、ついに〝ルチャの殿堂〟アレナ・メヒコに進出した（翌年からこのアレナ・メヒコで開催される自主興行は「ドラゴマニア」となる）。

この特別なビッグマッチに、ウルティモ・ドラゴンは憧れの〝サトル・サヤマ〟初代タイガーマスクの招聘に成功。飛行機嫌いで知られる初代タイガーマスクの、長時間のフライトが必要なメキシコ遠征を実現させたのだ（実際、これ以降、佐

2005年5月14日、闘龍門メキシコのアレナ・メヒコ初進出は大成功で幕を閉じた

山さんは飛行機に一度も乗っていない)。
ドラゴマニアには、その後もグレート・ムタ、高山善廣&鈴木みのる、藤波辰爾、(タツミ〝リング〟フヒナミ)、パワー・ウォリアー、4代目タイガーマスク、TAJIRI、秋山準、そして〝仮面貴族〟ミル・マスカラスも登場し、若き日の岡田かずちかとのタッグも実現させている。この他、女子プロレスからは、風香、栗原あゆみ、紫雷イオ、岩谷麻優、宝城カイリ、華名、朱里など、錚々たるメンバーが、ウルティモ・ドラゴンのプロデュースにより、〝ルチャの殿堂〟を経験した。
その後、ドラゴマニアは世界中の選手が参戦を望む大会となったが、成功すればするほど〝妬み〟が湧いてくるのも事実。日本人であるウルティモ・ドラゴンが、メキシコでメガイベントを続ける苦悩も間近で見てきた。アレナ・メヒコを借りて興行を開催するのは、それだけすごいことなのだ。

アレナ・メヒコの花道をエデカンのエスコートで入場する世界の究極龍

メキシコの英雄・カリスティコに肩車され、アレナ・メヒコの大観衆の声援に応える

ＣＭＬＬのアレナ・メヒコ大会は、近年、オフィシャルカメラマン以外のリングサイド撮影は不可となった。そんな状況でも日本から訪れる僕には、特別なプレスパスを用意してくれた。ＣＭＬＬの年間最大のビッグマッチ「アニベルサリオ」の際も取材許可のトラブルが何度かあったが、その際もすべて解決してくれた。

ウルティモ・ドラゴンとして、アメリカの二大メジャー団体、ＷＣＷとＷＷＥでも活躍し、近年は元ＷＣＷ＆ＷＷＥのレジェンドとして、世界中からオファーを受け世界を旅する日々。最近は、渡航先から美しい風景や僕が大好きなレジェンドたちとの写真を送ってくれる。

若かった頃は1年ほど連絡を取らない時期もあったが、お互い大人になった今はいい距離感でお付き合いできている。僕が大切にしている「そこにいられること」を長い間サポートしてくれているウルティモ・ドラゴン。彼がメキシコを拠点にし続ける限り、僕のメキシコへの旅も終わらないだろう。

ウルティモ・ドラゴン　思い出の逸品

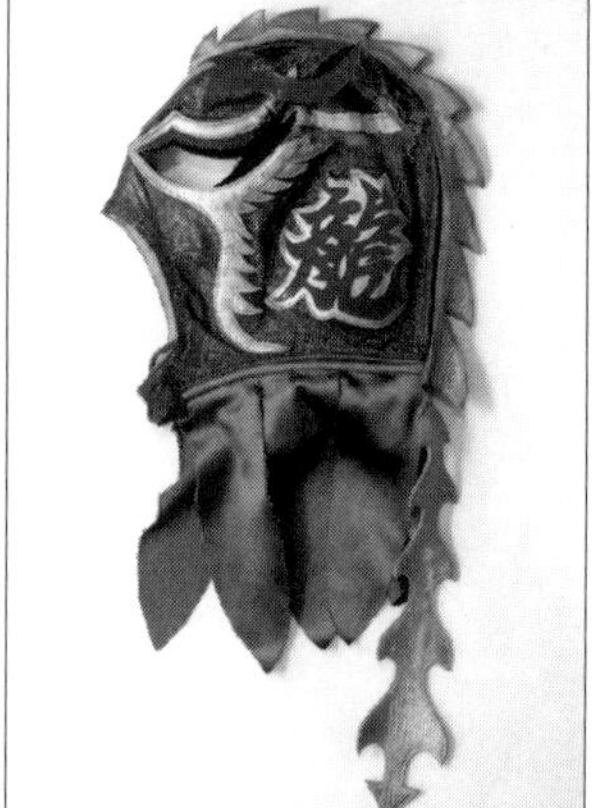

上：ウルティモ・ドラゴンが〝レガロ（プレゼント）〟してくれた初期「ローリン製」マスク
右：1993年7月29日、WARで実現したウルティモ・ドラゴンvs 3代目タイガーの一騎打ちで、タイガーに引き裂かれたマスク

グラン浜田

Gran Hamada

後進へ道を切り拓いた〝小さな巨人〟

日本人プロレスラーとして、単身メキシコへ渡り、大成功をおさめた偉大なルチャドール。身体が大きくなければ、プロレスラーになれなかった時代。浜田さんの切り拓いた道が、のちの獣神サンダー・ライガー、ウルティモ・ドラゴンなど、日本のジュニアヘビー級を代表するスーパースター達を成功に導いた。

浜田さんとの最初の接点は1992年、僕自身二度目のメキシコで、初めてのエル・トレオ・デ・クアトロ・カミノスのリングサイドだった。リング上にいた浜田さんが僕を見つけると「おー、いつきたんだ？飯でも行こう！」と優しく話しかけてくれたのだ。僕のなかで浜田さんの印象は今も当時のままである。

ルチャドール・グラン浜田の凄さを初めて目撃したのは、1993年3月13日・ユニバーサルプロレスの後楽園ホール大会で行われたドクトル・ワグナー・ジュニアとのUWA世界ライトヘビー級のタイトルマッチだった。この試合で浜田さんが魅せた高角度のウラカン・ラナは、衝撃的だった。テクニコ対ルードのプロフェショナルの攻防。派手な飛び技に目がいってしまう時代に、渋いルチャの凄さを思い知らされた瞬間だった。後に僕は、この興奮を浜田さんに伝えさせていただいた。

これをきっかけに、可愛がっていただくようになり、1995年にみちのくプロレスに入団してからは、時折、浜田さんのご自宅に呼んでいただいて、美味しい食事をご馳走になった。

2009年3月29日、新木場1stRINGで開催した「仮面貴族フィエスタ2009」。これは、僕が初めて手がけたレジェンドリスペクトの夢の空間だった。僕は、このメインイベントに浜田さんに入っていただき、「ミル・マスカラス&初代タイガーマスクvs藤波辰爾&グラン浜田」という夢のカードを実現させせた。大会ポスターのタイトルは〝甦る黄金伝説〟だった。

この大会を皮切りに僕は、レジェンドを主役とした大会を続けて開催、そのハイライトは2011年10月7日・後楽園ホール大会初進出の「仮面貴族フィエスタ2011～僕らの夢のオールスター戦～」だった。この大会は、僕の店デポマートの10周年記念大会として開催させて頂いたため、基本コンセプトはマスクマン中心の大会だったので、当初は浜田さんの出場予定はなかった。ところが大会が発表されると浜田さんから一本の電話が……。もちろん即決で僕はカードを変更。一瞬、伝説のマスクマン「NGハマー」出場も頭をよぎったが、ここは昭和のレジェンド・グラン浜田として出場して頂いた。

2019年、浜田さんは体調を崩され、〝グラン浜田〟の生まれ故郷であるメキシコへ移住された。渡墨を知ったのは出発された後だったので、今までの〝感謝〟をまだお伝えできていない。またメキシコでお会いできることを信じている。

【グラン浜田】 1950年、群馬県出身。1972年3月16日、新日本プロレスでデビュー。75年にメキシコ修業に出発し、ルチャを習得。1990年にはユニバーサルの旗揚げに参加。以後、みちのくや新日本プロレスのジュニア戦線などで活躍した。

ユニバ・後楽園大会では、〝盟友〟ドス・カラスとの一騎打ちも実現している

浜田文子＆グラン浜田＆ソチ浜田の親子3ショットが実現！

81ページに書いた筆者が衝撃を受けた浜田 vs ワグナー・ジュニアの高角度のウラカン・ラナ

ハヤブサ

Hayabusa

若き日のロサンゼルスの思い出

１９９３年10月、ＦＭＷの近未来のエース候補、江崎英治がメキシコ遠征に旅立った。滞在先は、メキシコシティではなく、バハ・カリフォルニアのティファナだった。このティファナの地で江崎英治は、マスクマン・ハヤブサに変身していた。

英治のティファナ入りから2か月後の１９９３年12月、僕とＦＭＷ担当記者だった吉川君は、ＡＡＡのロサンゼルス大会の取材を兼ねて英治と会う約束をしてロサンゼルスへと向かった。ロサンゼルス空港には、ティファナ在住のアミーゴ・ウルトラ（ダミアン６６６）の運転で、英治とオーニタ・ジュニア（フライングキッド市原）が迎えにきてくれた。この日の夜は、皆でリトル東京にある「こう楽」で食事をした（２０２２年9月にロサンゼルスに行った際、約30年ぶりに「こう楽」を訪れてみると、あの日のままで営業されていて、皆で座った席もはっきり覚えていた）。

翌日、ダミアンが、ティファナでＡＡＡのＴＶマッチがあるから行こうと誘ってくれたので、ロスから

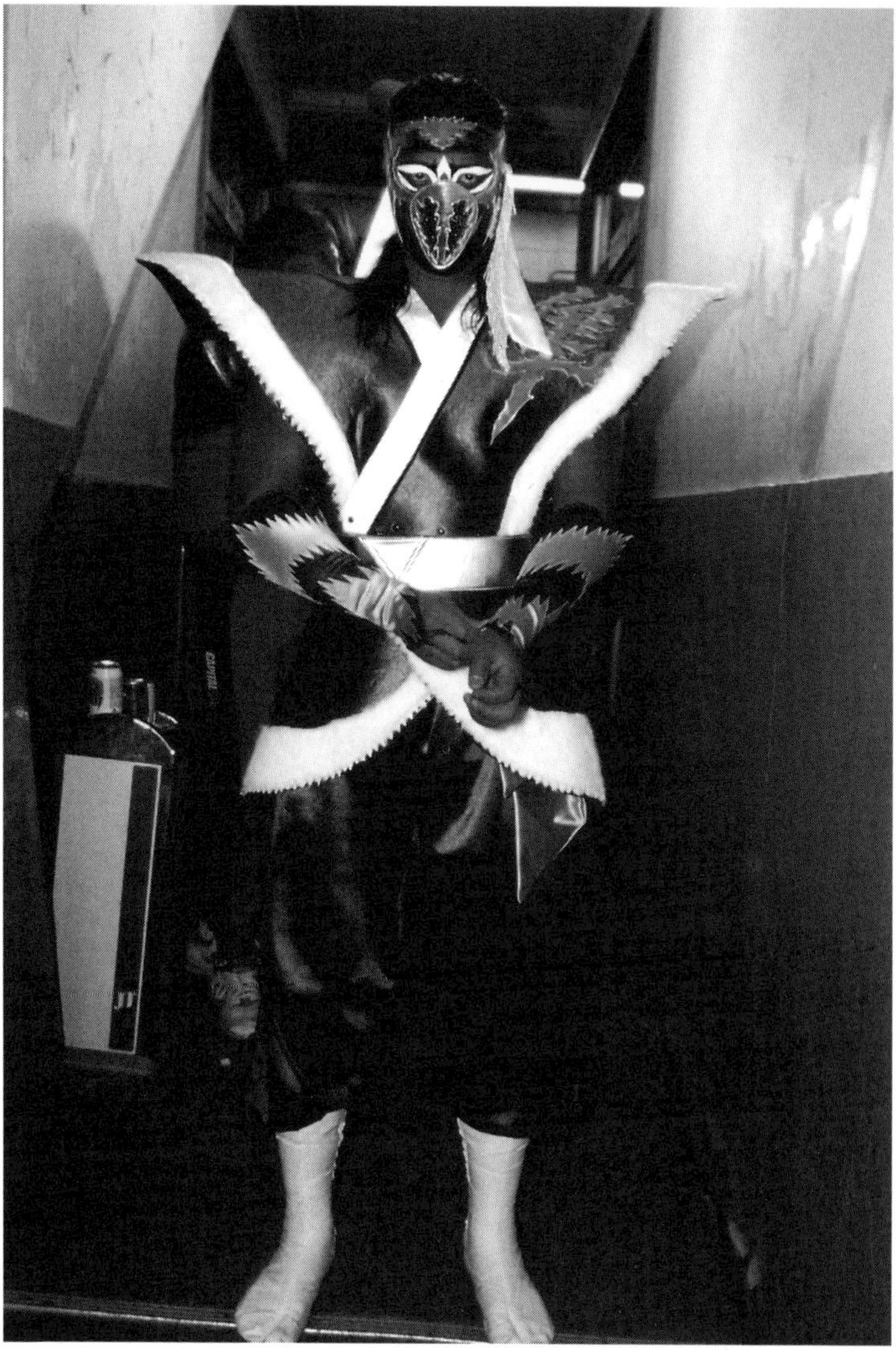

【ハヤブサ】1968年生まれ、熊本県出身。1991年にFMWに入門。95年に大仁田厚が引退すると、エースとして団体を支えた。2001年10月、試合中の事故で頸椎損傷。その後は懸命なリハビリを続けながら復帰を目指した。2016年3月、くも膜下出血により死去。

ティファナまで車で約4時間のドライブとなった。ここで今回のロス行きのもう一つの目的だったハヤブサの撮影をすることになった。ティファナへ向かうフリーウェイの途中でロスらしい、あるいは、メキシコらしい雰囲気の場所を見つけて撮影しようとしたが、それらしい場所が見つからず、日没が迫ってきた。切羽詰まった僕は、運転手のダミアンに「どこでもいいからフリーウェイを降りて停めてほしい」とお願いした。ダミアンは何もない岩場を見つけて停車してくれた。英治は車中でハヤブサに変身した。そうして、日没ギリギリでハヤブサの姿をカメラに収めることができたのだ。ちなみにこの後、ＡＡＡのＴＶマッチの取材後、一行は、またダミアンの運転で4時間かけてロスの僕たちのホテルまで戻り、僕らの部屋で皆で雑魚寝をした。若い頃の楽しい貧乏旅行だった。

一夜にしてスターになったハヤブサ

１９９４年4月16日に両国国技館で開催された「第一回・スーパーJカップ」に大抜擢されたハヤブサはメキシコから一時帰国する。しかも、一回戦の相手は、獣神サンダー・ライガーだった。いきなり奇襲をしかけ、入場用コスチュームを羽織ったままトペ・コンヒーロを放ったシーンは今も忘れられない。試合終盤には、不完全ではあったが、シューティング・スター・プレスを初公開している。この試合にかけるハヤブサの想いが詰まった技だった。この一試合でハヤブサの名前は全国区となった。優勝決定戦の際は、トーナメントに出場した選手たちがリングサイドに陣取った。試合中リングサイドの僕に気づいたハ

〝FMW期待の星〞
江崎英治がマスクマンに変身
ハヤブサ、
メキシコを翔《かけ》る!!

本邦初公開となったハヤブサの写真（『週刊ゴング』より）。遠征用の中田商店の法被を纏っている。

ヤブサが、僕の隣にきて「お疲れ様です！　帰ってきました！」とそっと話しかけてくれたのだ。

　翌年、海外遠征から正式に帰国、帰国後すぐに、我々週刊ゴング勢と都内のカラオケボックスで朝まで飲み明かし、英治の十八番・米米クラブの「浪漫飛行」を披露してくれた。

　1995年5月5日、大仁田さんの引退試合が決まる。その対戦相手は当初ターザン後藤さんが務める予定だったが、直前にFMWを退団したため、東京プロレスの石川敬士さんに変更となっていた。しかし、ハヤブサが引退試合の相手に名乗りをあげ、これを石川さんが了承したため、ハヤブサが電流爆破で大仁田さんの引退試合の相手を務めることとなった。このときの経緯もあり、翌月の6月6日、東京プロレスの松山大会にハヤブサが友情参戦。この夜のハヤブサとの大宴会は我々の間では〝松山の夜〟と呼ばれている。マスコミと付き合いの良かったハヤブサは、試合後、週刊プロレスの記者と食事へ、その後、週刊ゴング勢と東スポ勢が飲んでいた店に合流。朝7時まで楽しすぎる松山の宴は続いたのだ。もちろんここでも十八番の「浪漫飛行」を披露してくれた。

　1997年には、盟友・新崎人生とのタッグで全日本プロレスにも参戦。このときは、日本武道館の試合後に、二人からの要望もあり、三沢さんと小橋さんの控室を訪問し、それぞれとの3ショット撮影をさせていただき、人生&ハヤブサの全日本プロレス参戦の証を残した。

　1998年、FMWが大仁田さんと袂を分つ。新生FMWは、ハヤブサを中心に路線変更して再出発した。しかし、FMWはもともとは大仁田一座であり、その大スターを失ったことで厳しい状況に陥る。この頃、団体を背負った立場のハヤブサから、らしさが消えていき、会場では話しかけづらい雰囲気すら

全日本プロレス参戦時には、控室で三沢さんらとの3ショットを撮影した

漂っていた。そんな状況であの悲劇は起こった。

悲劇の事故からの奇跡の復活

2001年10月22日……、僕はこの日、別の取材で札幌にいた。午後10時頃、FMW後楽園大会を取材していた吉川記者から電話が入る。

明らかに動揺した声で、英治が試合中のアクシデントで病院に運ばれたと教えてくれた。翌日、帰京すると吉川記者と合流し、英治が入院していたお茶の水の病院を訪ねた。英治は意識があり、面会もできたので、このときはまさかそこまでの重症とは認識できなかった。頸椎損傷で首から下が動かない……プロレスラーとして復帰どころか、日常生活すらままならない日々が続くこととなった。この頃、僕は正直かける言葉も見つけられずにいた。その後、英治はなんとか車椅子で外出できるようになると、天が英治に与えた二物の内のもう一つ、歌声を武器に仲間たちとライブ活動を始めた。「愛と勇気とあるこ～る」が僕の一番のお気に入りの曲だった。

その頃、英治のライブ仲間だったボリショイ選手の出場していたＪＷＰの後楽園ホール大会で久しぶりに再会し、ゆっくりと話をする機会を得た。このとき、ハヤブサのマスクに関してトラブルを抱えていると相談され、僕たちができることをサポートさせてもらう約束をし、これを僕らは「新ハヤブサ計画」とし、マスク職人の中村之洋《ゆきひろ》さんの協力を得て、当店でのハヤブサの本物のマスクの販売を開始した。メキシコでは、ハヤブサのオリジナルメーカーであるアロン・カナレスさんにも協力を取り付け、初期デザインの懐かしいマスクの復刻も実現した。

２０１１年10月7日、後楽園ホールで開催した「仮面貴族フィエスタ２０１１」は、当店の10周年記念の興行であり、僕のプロレス業界における最初で最後のビッグイベントだった。僕はハヤブサに一緒に関わってほしくて、Ｗメインイベントのプロデュースを頼んだ。この大会は、マスカラスさんの来日40周年記念大会だったが、僕には裏テーマがあった。それは〝聖地〟後楽園ホールのリングへのハヤブサの10年ぶりの帰還だった。ハヤブサがあの不運なアクシデントに見舞われたのが、ちょうど10年前の２００１年10月だった。あのアクシデントから10年をかけて、ハヤブサは奇跡的な回復を遂げていた。一生寝たきりの可能性もあると医師から伝えられていたハヤブサが10年かけて、車椅子から立ち上がり、自力でゆっくりではあるが、10メートルも歩けるようになっていたのだ。僕はこの奇跡を後楽園ホールに集まってくれたファンの方々だけではなく、プロレス業界の人たちにも見届けて欲しいと思い、試合後のリングにハヤ

その美声を武器にアーティストとして、仲間たちとライブ活動を地道に行っていた

「仮面貴族 FIESTA2011」で、10年ぶりに〝聖地〟後楽園に奇跡のリングイン

ブサを上げる計画をした。このことは、NOSAWA論外と数名の選手、呼び込みをお願いした藤原組長だけに事前にお伝えした。

マスカラスさんがフライング・ボディアタックをウルティモ・ゲレーロに決めて、エンディングへ。ひそかに数名の選手がロープを緩め始める。藤原組長がマイクを握り、放送席にいたハヤブサに向かって「ハヤブサ、上がってこい！」とアピール。後楽園ホールは、大ハヤブサコールに包まれた。ハヤブサがリングに上がるまで、出場全選手がサポートをかって出てくれた。10年ぶりに後楽園ホールのリングに立ったハヤブサは、人生が差し出したマイクで、大会を見事に締め括ってくれた。やはりハヤブサはプロレスラーだった。

その直後、後楽園ホールでファンの方たちが起こしてくれた「プロレス最高」コールに、僕は胸いっぱいになり、バックステージで英治と涙で抱き合った。

思い出の地のメキシコへ

この2か月後、数名の仲間が集い、英治の自宅で忘年会が開かれた。この席上で論外が「ハヤブサさん、メキシコに行きましょう！」と言い出したのだ。論外得意のフライング発言である。しかし、論外の行動は早かった。佐々木健介&北斗晶夫妻のダイヤモンドリングの協力を取り付けると、すぐにサムライTVにも協力を要請、2012年5月に我々一行は、ハヤブサ17年ぶりのメキシコ遠征を実現させたのだ。現

2012年、ドラゴマニアのエンディングで全選手がハヤブサのもとに集まり写真に収まった

カリブ海のカンクンでは、世界的なリゾート地をのんびり満喫した

地では、ウルティモ校長、ルチャ・ファン・フェストのプロモーター・マヌエル氏の協力を経て、ハヤブサと様々な選手との再会が実現した。ハヤブサのマスク職人、アロン・カナレスさんは、涙を流して再会を喜んでくれた。

サイン会、撮影会を忙しくこなしたハヤブサ一行は、その後、カンクンでの休暇も楽しんだ。カンクンでのホテルでは、ホテルの1階のいちばん手前にあるバリアフリーの部屋を予約、そこは目の前がプールだったため、プールサイドから英治の部屋のベランダに日に日にメキシコビールの空き缶が積まれていく様子が見てとれてなんだか微笑ましかった。このプールではおそらく20年ぶりぐらいに英治は泳いで遊ぶこともできたのだ。カンクン滞在中には、メキシコに遠征にきていた新日本プロレスの裕二郎選手がハヤブサに会うためにわざわざメキシコシティから合流してくれて、夜は皆でステーキ屋で飲み明かした。

余談ではあるが、海外では空港やホテルでのバリアフリーに関して、非常に手厚く感じることが多い。逆に、これだけすばらしい国であるはずの日本は、その部分ではまだ遅れているように感じることが多い。英治が後楽園ホールにくるときも今でこそ、駅にエレベーターがついたが、当時はその都度駅員さんにお願いしてスロープを使って引き上げてもらうため、駅のホームに行くだけで10分はかかっていた。また都営三田線・水道橋駅のトイレがあるのはエレベーターがある出口とは反対側で、車椅子で移動するのは大変だった。水道橋界隈で食事をするのにも、すんなり車椅子で入れる店は本当に少なかった。一緒に海外へ行ったことにより、日本のバリアフリーに関しては、いろいろ考えさせられたのだ。

メキシコ遠征から帰国すると英治は以前にも増して前向きに過ごしているように見えた。

一度、僕に本音で語ってくれたことがある。アクシデントから10年……もちろん復帰を目指して必死のリハビリを続けてきたことに嘘はない。でも現実的な英治の目標は「フルコスチュームに着替えてファンのみんなのために、一度でいいからリングに立ちたい」、これが英治が目指したハヤブサの復帰だった。

お別れの日は突然やってきた。

2016年3月3日、僕はフォトリブレの撮影のため、紫雷イオ&岩谷麻優とともにグアムに滞在していた。そこに論外から「ハヤブサさんが亡くなったらしい」と連絡があり、僕はすぐに事実確認するため知人経由で、英治と仲の良かったハチミツ二郎さんに連絡を取ってもらうと、やはり現実だということを知った。

英治が亡くなった後、英治を長くサポートしてくれていた方が「ハヤブサさんは、復帰戦は大川さんが用意してくれるリングでやる」と言ってましたと教えてくれた。

それはもう叶わない。でも英治は、もう十分頑張った。

〝ハヤブサ〟江崎英治は、誇り高き男前だった。

この言葉はいつも僕の心の中にある。

「お楽しみはこれからだ！」

ハヤブサ　思い出の逸品

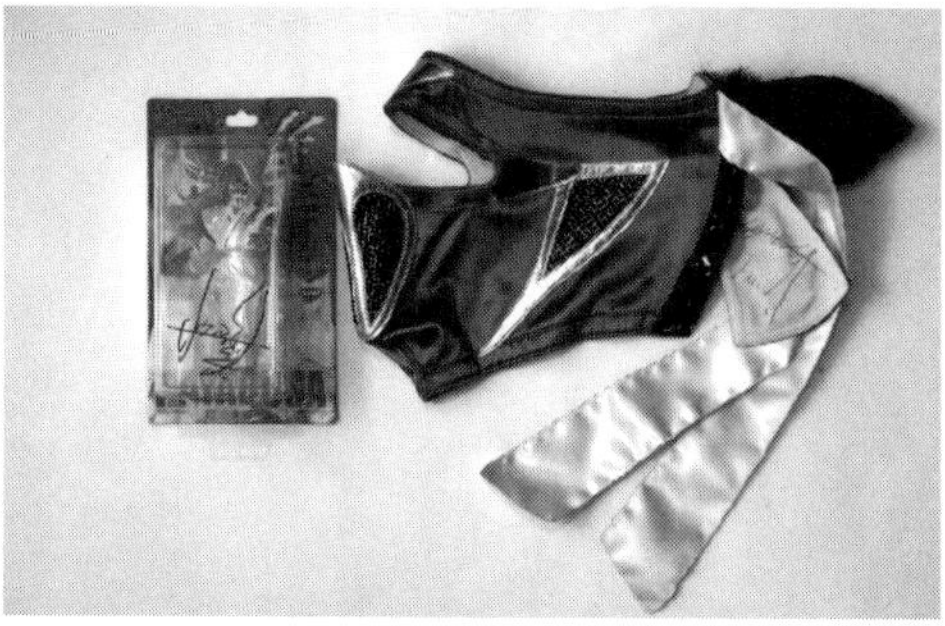

直筆サイン入りフィギュアと海外遠征から帰国した時にプレゼントしてくれた「アロン・カナレス製」の紫色のマスク

邪道・外道

Jado & Gedo

多くの団体を渡り歩いた苦労人タッグ

1991年9月、僕は子どもの頃からの夢を実現させ、初めてメキシコの地へ降り立った。この時期メキシコには、ウルティモ・ドラゴン、グラン浜田さんがいて、日本からは、ライガーさん、サムライ、パニッシュ&クラッシュ（現・邪道&外道）がメキシコ遠征（修行）中だった。『週刊ゴング』の取材のメインは、EMLLへ移籍し、新マスクマンに変身したてのウルティモ・ドラゴンとライガーさんのメキシコ遠征だった。

僕はまさかの経緯で、一人でパニッシュ&クラッシュが出場する予定のアレナ・ピスタ・レボルシオンへと向かった（このときの経緯は、ライガーさんの項で）。

この日、本来ならパニッシュ&クラッシュとメキシコで修行中のエル・サムライの取材ができる予定だったが、外道が足の負傷で会場にきておらず、急遽実現したサムライ&クーリーSZ（邪道）組を取材させてもらった。残念なことに、僕の滞在中にはパニッシュ&クラッシュの〝兄弟〟タッグをメキシコで

【邪道（右）・外道（左）】 1968年（邪道）、1969年（外道）生まれ、東京都出身。たけしプロレス軍団のオーディションに合格してプロレス界入り。ユニバーサル、W★ING、SWS、FMWなどを渡り歩き、2001年6月より新日本プロレスに参戦。現存するタッグチームとしては国内最長の活動期間を誇る。

撮影することはできなかった。

その年の11月、このメキシコ遠征から帰国すると、パニッシュ&クラッシュの二人は、ユニバのエース格として頭角を現し始める。この頃、パニッシュ&クラッシュとロッシー小川さんと僕の四人で食事する機会が何度かあった。僕にとっては同世代の選手と食事へ行くのは、極めて珍しいことだった。そんな彼らが翌年の1992年11月、フリーとなり再びメキシコ遠征へと旅立つこととなり、このときも四人で壮行会を開き、心ばかりの餞別を渡し、二人の新しい旅立ちを見送った。

邪道&外道となった二人は、メキシコでビクター・キニョネスの目にとまり、デスマッチ系団体のW★INGへの帰国が決まる。帰国するとすぐに連絡をもらい四人での食事会が開催された。これは、邪道&外道の二人が「やっとまともなギャラが稼げるようになったので」と言って、小川さんと僕に壮行会のお礼にと食事会を開いてくれた忘れられない一夜だった。

国内最高峰の団体に辿り着いた

邪道と外道の二人は、1994年2月からWARへ参戦することとなる。このときは、ゴング編集部経由でWARの武井社長から「邪道&外道とコンタクトを取りたい」という話が僕のところにあった。このWAR参戦で冬木弘道さんと出会い、冬木軍に入り、ここでは〝ライオン・ハート〟後のWWEスーパースター・クリス・ジェリコも「ライオン道」として活躍した。

1991年9月、メキシコで子供たちに大人気だったクーリーSZ（現・邪道）

WARでは飛躍のきっかけとなる冬木弘道（中）と出会った

2001年7月20日にはIWGPジュニアタッグ王座を獲得。6度の防衛に成功した。

邪道&外道　思い出の逸品

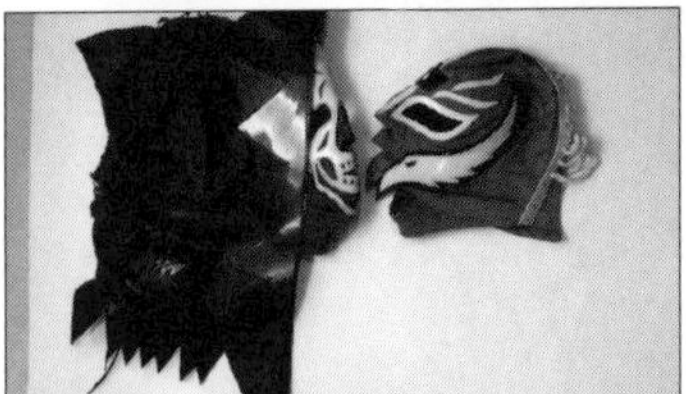

左上：1994年のメキシコからの帰国の際に邪道&外道がプレゼントしてくれたパルカ&ミステリオのマスク。右上：CTU-G（外道）&CTU-J（邪道）使用済マスク。左下：2016年東京ドームで元ももクロ・有安さんが入場で使用したマスク（左）とキャプテン・ノアのマスク（右）。右下：ももクロ繋がりで田中将大選手と交流があった邪道選手が貰ってくれた直筆サイン入りフィギュア&ボール。

ＦＭＷへ戦いの場を移すと、田中将斗と〝コンプリート・プレイヤーズ〟を結成し、肉体改造に着手。大変貌を遂げた二人は、今もそのグッドシェイプをキープし続けている。

２００１年６月には、まさかの新日本プロレス登場を果たす。６月某日、新日本プロレスの上野毛道場近くのおしゃれなレストランで、Ｔ２０００の天山広吉と邪道・外道が密会。その模様を週刊ゴングが独占キャッチし、レストランから出てきた邪道・外道の二人を多摩川の土手で直撃取材した。その数日後、二人は即行動に出た。新日本プロレス長岡大会に乱入、電撃的にＴ２０００入りをアピール。乱入直後、僕ら週刊ゴングは、長岡駅まで邪道・外道を追跡し、帰京の新幹線のグリーン車内で独占取材に成功した。

様々な団体を渡り歩き、元ユニバの仲間達の中で、一番苦労してきた邪道・外道の二人がまさか、日本一のメジャー団体・新日本プロレスにたどり着く日がくるとは……新日本プロレス入りするとその実力を連日満員の観客の前で披露、その年の東京スポーツ新聞社制定・年間最優秀タッグ賞を受賞。〝兄弟〟タッグ結成から12年、日本一のタッグチームとして認められた。

出会った頃の印象は、邪道は明るく会話好きで社交的、外道は口数はすくなかったが、味のある発言が多かった。今、リング上においての彼らの印象はその真逆で、邪道は口数は少ないが、外人レスラーの仲間達をしっかりサポート、外道は、辣腕マネージャーとしての立場を確立、オカダ・カズチカ、ジェイ・ホワイトを「レベルの違う」マイクパフォーマンスでスーパースターの座へと押し上げた。

現在、別々のユニットで活動する二人だが、パニッシュ＆クラッシュ結成から間もなく35周年を迎えようとしている。唯一無二の〝兄弟〟タッグ邪道・外道は、世界が誇る名タッグチームとなった。

獅龍（カズ・ハヤシ）

Shiryu (Kaz Hayashi)

ミステル・アギラ直伝の飛び技

1997年3月、獅龍はみちのくプロレスを退団する。

その3か月後、かつての邪道・外道がそうだったように、獅龍もまた人生の岐路でメキシコへと旅立った。

メキシコへ渡った獅龍は、プロモ・アステカのジムに身を置いていた。

そこには、若き日の天才空中ファイター、ミステル・アギラの姿もあり、獅龍は後に新日本プロレスのリングで披露した飛び技〝ブエロ・デ・アギラ〟を本人直伝でマスターしたのだ。

1998年1月、僕はアルシオン旗揚げ直前のロッシー小川さん、玉田凛映&府川唯未の〝タマフカ〟そして、メキシコで合流したディック東郷とともに、プロモ・アステカのジムへ獅龍を訪ねた。すると、ミステル・アギラも現れ、急遽、合同練習がスタート。〝タマフカ〟に空中技を伝授してくれた（府川唯未は、帰国後の旗揚げ戦で初公開のラ・ケブラーダを披露）。

【獅龍（カズ・ハヤシ）】1973年生まれ、東京都出身。1992年にユニバーサルでデビュー。みちのくプロレスを経て、1998年にWCWと契約。素顔のカズ・ハヤシとして活躍した。2002年に武藤敬司のラブコールを受けて全日本プロレスに入団。2023年9月現在はGLEATに所属。

その数か月後、僕は再びメキシコへ渡り、獅龍と合流。そこで単独取材し、『週刊ゴング』で獅龍の「新日Jrに宣戦布告」を報じた。そして獅龍は直後に開催されたスーパージュニアに参戦、日本初公開の〝ブエロ・デ・アギラ〟を披露してくれたのである。

このとき、僕が帰国する際には、早朝にもかかわらずわざわざメキシコ空港まで見送りにきてくれた心優しい獅龍だった。

その直後には、ウルティモ・ドラゴンに導かれ素顔のカズ・ハヤシとしてＷＣＷと契約、〝ヤングドラゴンズ〟の一人として活躍し、ここで後に運命を変えることとなる武藤さんと出会い、武藤さんの全日本プロレス移籍に伴い、アメリカから帰国すると自身も全日本プロレス入りし、ジュニア戦線のみならず、ヘビー級の舞台でも活躍した。

その後も武藤さんと行動を共にし、ＷＲＥＳＴＬＥ－１へ。

ここでは取締役社長の立場となり、大変な気苦労があったと思う。だが、マスク職人としての一面もあるカズが、僕と会場で立ち話するときは、もっぱらマスクの話ばかりだった。

獅龍（カズ・ハヤシ）思い出の逸品

獅龍がプレゼントしてくれた2枚のマスク。左：『週刊ゴング』のメキシコ取材の際に着用していたマスク（P105大写真）、右：全日本プロレス時代にアジアタッグに挑戦した際に引き裂かれたマスク。

BUSHI

BUSHI

リアル千の顔を持つ男を目指して

初めて武士くんとコンタクトしたのは、まだマスクマンBUSHI誕生前の全日本プロレス後楽園大会、その出番前だった。僕から声をかけポーズ写真の撮影を依頼、その対応が好印象だったのを覚えている。

二度目のコンタクトは、その数か月後、2008年12月のメキシコだった。彼はメキシコ遠征に旅立ち、闘龍門メキシコのあるナウカルパン地区のIWRGで修行していた。

メキシコで僕と武士くんを繋げてくれたのはNOSAWA論外だった。論外から「よかったらBUSHIの面倒を見てやってもらえませんか?」と言われたのが始まりだ。この場合の「面倒を見る」というのは、「僕の店でBUSHI選手のマスクを取り扱う」という意味である。もちろん僕はこれを了承し、その数日後、武士くんは一人で僕の宿泊先のホテルに数枚のマスクを持参して訪ねてきてくれた。

次に僕がメキシコに行ったときも同じ、三度目に僕のホテルを訪ねてきたときに食事に誘い、当時僕が行きつけだった日本食の「Chaseki」で、初めてゆっくり会話をしたのだ。このときまで彼への対応はちょっと冷めたかったかもしれないと今は思う。メキシコでは、たくさんの日本人の若者と会場などで顔を合わせる機会があった。本気でメキシコにきた若者もいれば、そう感じない若者もいたので、基本的に僕から誘うことはしないスタンスを意識的にとっていたのだ。三度目の正直（?·）、そんな僕の対応でも、彼が三度も足を運んでくれたおかげで僕と彼の関係は始まった。

この食事の席で「マスクマンになった以上は、デポマートさんにマスクを並べてもらいたい」と言ってくれた。僕の店は大勢のスペル・エストレージャとお付き合いがあった。だから自分のマスクも扱ってほしいという。そして将来的には〝千の顔を持つ男〟ミル・マスカラスのように毎試合マスクを変えたいと語っていた。実際、憧れのミル・マスカラスに倣《なら》い、全日本プロレス時代から入場時にセミプロ仕様のマスクをオーバーマスクとして被り、コーナーに駆け上がると客席へプレゼントとして投げ入れていたのだ。

2012年、全日本プロレスから新日本プロレスへのレンタル移籍が実現。その年のスーパージュニアにエントリーされた。このタイミングで僕から「スーパージュニアなら全戦違うマスクでの出場ができるのでは」と提案させてもらい、ここから〝リアル千の顔を持つ男〟への道がスタートしたのだった。

アクシデントによる欠場をチャンスに変える

翌年には、正式に新日本プロレス入団。順風満帆に見えていたが、2014年12月の後楽園大会の試合中のアクシデントで大怪我を負う。

【BUSHI】1983年生まれ、東京都出身。2007年に全日本プロレスでT28（テツヤ）としてデビュー。翌年のメキシコ遠征をきっかけにマスクマンBUSHIとして活動。2012年、新日本プロレスに移籍し、2015年に盟友の内藤哲也とロス・インゴベルナブレス・デ・ハポンを結成。

BUSHIROADとしてのメキシコ遠征中、アレナ・メヒコ前の売店で

このとき、入院先の病院で僕が彼に伝えたのは「プロレスラーにとっては怪我からの復帰は最大のチャンスになり得る」ということだった。それから9か月後の翌年8月の両国大会で復帰がアナウンスされたが、練習中の怪我により復帰戦は延期されてしまった。流石にこのときはひどく落ち込んだ声で電話をもらった。その電話で今後について少しだけ相談を受けたが、その結果は、11月21日の後楽園大会ですぐに出た。〝パレハ〟内藤哲也選手と行動をともにし、翌日、〝L・I・J〟ロス・インゴベルナブレス・デ・ハポンを結成。大怪我からの復帰でレスラー人生最大の転機を迎え、ピンチをチャンスに変えてみせてくれたのだ。

ここからは、〝漆黒のデスマスク〟の異名の通り、そのファイトスタイルも変え、毒霧も披露（全日本プロレス時代は、武藤さんの付き人もしていた）。マスクも黒ベースとなり、試合用&オーバー

2016年9月17日、念願のIWGPジュニアのベルトを獲得。毒霧を吹きかけて祝った。

マスクを毎試合変え、初めて話したときに語っていた夢である〝リアル千の顔を持つ男〟となり、大ブームを巻き起こした。

2016年9月17日には、チャンピオンのKUSHIDA選手を破り、第74代IWGPジュニアヘビー級チャンピオンとなった。試合後のリングで戴冠したばかりのチャンピオンベルトに向かって緑の毒霧を噴射したシーンは忘れられない。

初めてメキシコの僕の定宿「ホテル・プエブラ」を訪ねてきてくれた日から15年、ひと回り以上歳の差がある武士くんだが、一言でいえば〝気遣いの人〟。そこには間違いない信頼関係がある。近年、L・I・Jのバイブレイヤー的なポジションで活躍している印象だが、ジュニア戦士でありながら、おそらく年間の試合出場数は、新日本プロレスで一、二を争うほど多く、L・I・Jへの貢献度は高い。だが、プロレスラーBUSHIにはこれから長い道のりがあるはずだ。まだまだ最前線でのわがままな闘いを期待したい。

先日、久しぶりに論外からラインで「○○選手の面倒を見てやってもらえませんか?」という連絡があった。そのとき僕は、あの日の武士くんとの出会いを思い出し、「ぜひ、お願いします」と返信したのである。さて、新しい出会いはあるのだろうか……。

BUSHI 思い出の逸品

2009年12月3日、ナウカルパンで行われたマスカラ戦で使用されたフルコスチューム

磁雷矢

JIRAIYA

偶然立ち会えた日本人ルチャドールのデビュー戦

彼もまた、初代タイガーマスク・佐山サトルさんに憧れて海を越え、メキシコへと渡ったプロレスラーだ。

1991年12月、僕にとっても特別な人生二度目の渡墨のときだった。

もう時効だと思うが、このとき僕は『週刊ゴング』の写真部付のカメラマンだったのだが、アマチュア時代からお世話になり、僕をプロレス業界へと導いてくださった白夜書房の松沢雅彦さんから「来年2月発売の『WB（レッスルボーイ）』でメキシコ特集をやりたいから、記者の澁澤さんと一緒にメキシコ取材へ行かないか?」と誘っていただいたのだ。まだ駆け出しのカメラマンだった僕に海外取材の話、しかもお世話になった方からの依頼だったので、僕は深く考えず即答で了承した。

僕の事情を考えてくださり、松沢さんが僕のために用意してくれた誌面上の名前は「長内耕輔」だった。こうして長内耕輔として一週間限定のメキシコの旅がスタートした。

メキシコ滞在初日、ハム・リージムを訪れたところ、デビュー直前の吉田晋一郎くんと出会った。〝ソ

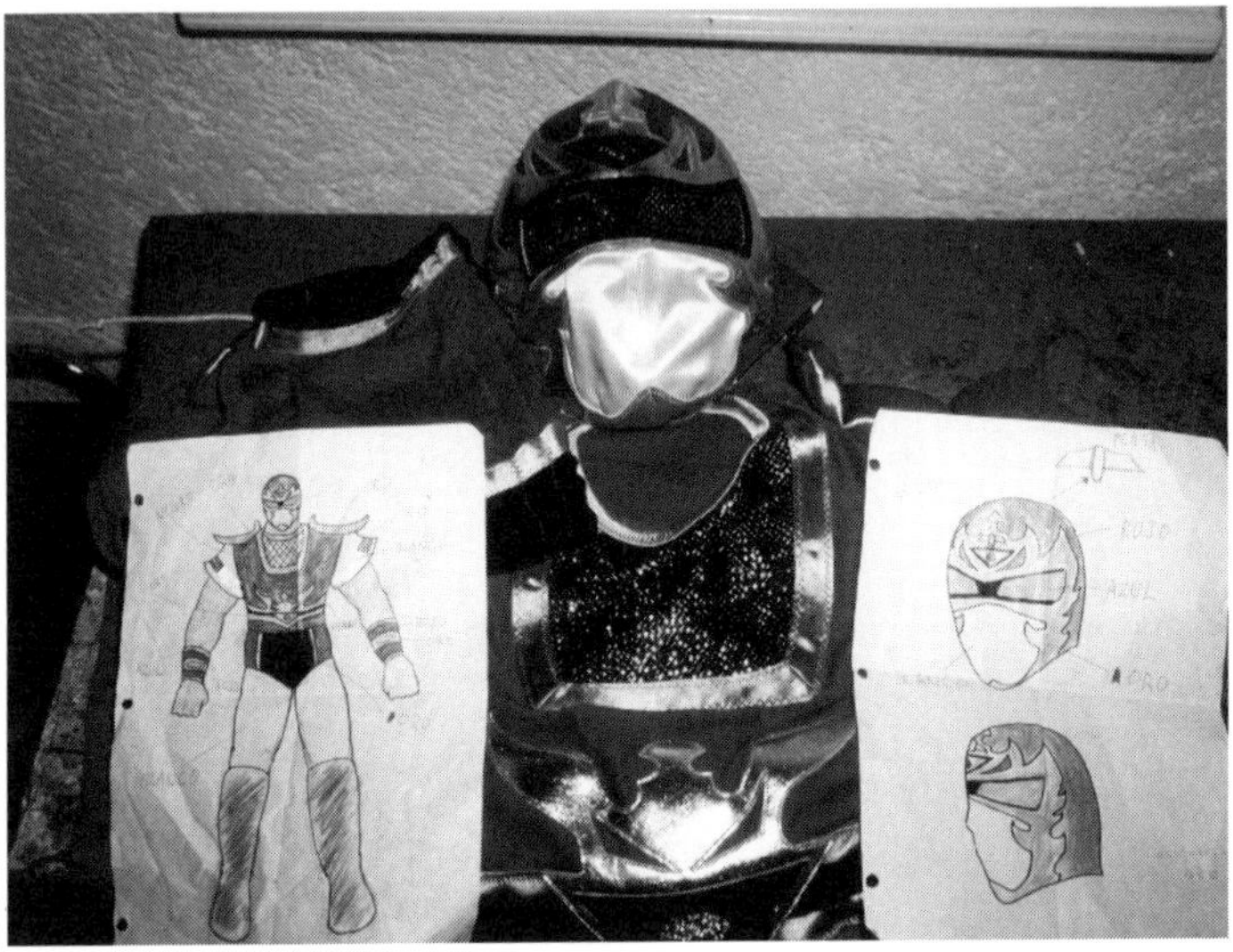

デビュー前日に完成した〝ソンブラ・オリエンタル〟（磁雷矢）のマスク＆コスチューム

ンブラ・オリエンタル（東洋の影）〟のリングネームで5日後にデビューが決まったという。僕たちは、デビューまでの密着取材を決めた。ヒムナシオ・プロビデンシアでは、吉田くんの師匠〝鉄人〟レイ・メンドーサ（ビジャノの父）との練習風景を撮影。デビュー前日には、マスク職人のローリン邸へ完成したばかりのマスク＆コスチュームを受け取りに行った。12月22日のデビュー戦当日は自宅から密着。メトロ（地下鉄）、タクシーを乗り継いで、デビュー戦の会場・アレナ・ネッサへと向かった。

デビュー戦は、第一試合で三本勝負のマノ・ア・マノ（シングルマッチ）。大型ルードのラーロ・バジェステロスを相手に見事に勝利を飾った。試合後の控室には、師匠のレイ・メンドーサも駆けつけ吉田くんのデビューを祝った。

デビュー戦から2年半後には、凱旋帰国を果た

【磁雷矢】1965年生まれ、福岡県出身。1987年、プロレスラーになるために渡墨。現地でトレーニングを積み、1991年にデビューを飾る。93年には帰国し、みちのくプロレスに参戦。その後、AAAやプロレスリング華☆激などを経て、地元福岡でルチャ・リブレ・スクールを運営している。

メトロ（地下鉄）～タクシーを乗り継いで、デビュー戦の会場、アレナ・ネッサに到着

デビュー戦は、大型のラーロ・パジェステロスを相手に見事勝利をおさめた

し、当初の夢と語っていた日本のリング、みちのくプロレスに参戦した。このとき、わずか1日ではあるが、吉田くんは僕のマンションに泊まった。そのお礼にと〝レガロ（プレゼント）〟していただいたマスクは「ローリン製」だった。後にも先にも僕の自宅に泊まったレスラーは、吉田くんただ一人だ。

最近の情報を調べてみると、磁雷矢のリングネームは東映の公認となっていて、地元福岡でルチャ・リブレ・スクール「レアル・ルチャ・リブレ」を開校し、地道に14年以上も活動を続けているという。

何の伝手もなく、初めての渡墨から4年以上の歳月をかけてやっとの想いでたどり着いたデビュー戦に立ち会えた〝ご縁〟から、30年近く経つが、それ以降、なぜかお会いする機会がまったくなかった。

再会を心待ちにするお一人だ。

磁雷矢　思い出の逸品

僕のマンションへの宿泊のお礼にとプレゼントしてくれた「ローリン製」のマスク。

ザ・グレート・カブキ

The Great Kabuki

メキシコに降り立った東洋の神秘

カブキさんご夫婦が営む「かぶきぅぃず　ふぁみりぃ」は、白山通り（文京区小石川）を入った左にある。ここは旧『週刊ゴング』編集部から目と鼻の先で、偶然にも僕にとっては青春時代を過ごした場所である。そんなカブキさんのお店が、２０２３年12月に幕を閉じてしまうという。僕はこの店の常連にはなれなかった。なぜならば、カブキさんは厨房が落ち着くと、必ず客席にきてくださり、懐かしいお話を聞かせてくれながら、一緒にお酒を呑んでくれるからだ。僕は緊張しいで、昭和の名レスラーの方々の前では背筋が伸びてしまうため、気軽にお邪魔できない店だった。それでもどうしても行きたくなる理由があった。カブキさん自慢の「かぶちゃん煮込み」は、癖になる美味しさで忘れられない味なのである。僕がお邪魔したときは、この「かぶちゃん煮込み」で始まり、ちゃんこの「連獅子（牛カレー味）」で締める。ドリンクは、「毒霧ハイボール」の緑と赤を交互に。忘れられない味がそこにある。

僕にとっては、中学生のときに夢中になったカブキさんのメキシコ遠征に帯同させていただき、取材が

【ザ・グレート・カブキ】 1948年生まれ、宮崎県出身。1964年、日本プロレスでデビュー。1970年よりアメリカ修行に出発。一時帰国を経て再びアメリカマットを主戦場とする。1981年よりペイントレスラー、ザ・グレート・カブキに変身し、タイトルを獲得するなど大活躍した。

カブキさん〝KABUKY〟が出場したアレナ・メヒコ大会の特大ポスター。天龍さんの名前も…

〝パレハ〟となったフィエラ＆ピエロー、そしてエデカンに挟まれ試合前の記念撮影

できたことは、深い思い出となっている。

1992年9月、SWSとCMLLが提携した直後にカブキさん、天龍さん、キング・ハクさんのメキシコ遠征が決まる。しかも、その舞台はCMLL年間最大のビッグイベント〝アニベルサリオ〟の59周年大会。これが僕にとって初めての〝アニベルサリオ〟取材になった。

当日は、エル・ダンディvsエル・サタニコの〝カベジェラ・コントラ・カベジェラ（髪の毛を賭けた戦い）〟がラインナップされていたにもかかわらず、カブキさんが出場した6人タッグマッチ（カブキ&天龍&ピエロー・ジュニアvsキング・ハク&アトランティス&ラヨ・デ・ハリスコ・ジュニア）がポスターではメインイベントとして告知されていた。

残念ながら天龍さんのメキシコ遠征が土壇場で中止となったため、天龍さんの代打には三沢タイ

アメリカ遠征中のホテルでシャワーを浴びてる際に思いついたという毒霧噴射

ガーのデビュー戦の相手、ラ・フィエラが抜擢された。試合前のバックステージではルチャドールたちとの撮影、リング上では〝エデカン〟（エスコートガール）との撮影にも応じ、カブキさんはメキシカンスタイルを楽しまれている様子だった。リング上でカブキさんが毒霧を披露するとアレナ・メヒコがどよめいた。初のメキシコルールに戸惑いながらも無事に試合が終了すると「誰が敵で、誰が味方かわからなかった」と笑顔で語っていたのを思い出す。

　この遠征中は、試合以外にもレフォルマ通りで撮影したり、浅井嘉浩宅でのバーベキューパーティーに、キング・ハクさん、〝全女勢〟のロッシー小川さん、アジャ・コング、井上京子、山田敏代、豊田真奈美らとともにご招待いただき、楽しい宴をともにさせていただいた。

　僕が中学生の頃、ペイントレスラー、ザ・グレート・カブキとして全日本プロレスに登場し、大ブームとなった。僕もその神秘的な〝毒霧〟殺法に魅了された一人だ。この〝毒霧〟は、プロレス業界における最高峰の発明だと思っている。そして、ムタ戦で魅せたカブキさんの額から真っ赤な血が噴き出るシーンに、本物のプロの凄みを見た気がして、僕はど肝を抜かれたのである。

ザ・グレート・カブキ　思い出の逸品

上：かぶちゃん煮込み
左：2023年6月、念願かなってカブキさんに〝根性〟サインをいただいた額から大流血のど迫力の写真

NOSAWA論外×大川昇

【特別対談 その1】

マスコミ嫌い、メキシコ、愚連隊、
レジェンド興行のキーマン……。
〝論外なオトコ〟の知られざる素顔

聞き手：入江孝幸
撮 影：高澤梨緒

BUGATTI
POINT CARD
MOR

マスコミ嫌いなのに なぜか波長が合う二人

論外　大川さんと知り合ったのって、いつでしたっけ？

大川　記憶にあるのはＣＭＬＬジャパンの後楽園大会だね。論外は手伝いか何かで会場にいて。論外は試合には出なかったけど、マスクは被っていた。

論外　あぁ、そんなことありましたね。たしかにセコンドで会場にいました。

大川　で、リングサイドまで礼儀正しく挨拶しにきてくれたんだよ。それが一番最初の記憶かな。

論外　引退しても、いまだにマスコミは大嫌いですけど（笑）。（うまくいったのは）なんでですかね？

大川　お互いストライクゾーンがせまいでしょ。空気の読み合いじゃないけど、後の関係性を考えればどこか通じるものがあったのかもね。で、次の記憶はメキシコでコレ（と、１枚のマスクを差し出す）をもらった日。日付も入ってるよ。

論外　99年6月1日……へぇ～。

大川　宿泊先に訪ねてきて、「これ、プレゼントです」って感じで。論外は自分から売り込みにくるタイプではないでしょ？　他の後輩だったり、面倒を見ている選手のことは「大川さんのところでお願いします」って頼んでくることはあっても。このマスク、当時被っていたものでは最上級クラスのマスクだよね？

論外　まぁ、そうですね。

大川　それをいきなりプレゼントしてくれるだなんて、そういうレスラーはいなかったからね。なにかの記念とかではなく、いきなりなので驚いたから記憶に残っている。

論外　自分のマスクなんて売れないと思ってたんですよ（笑）。でも、あんまり覚えてないっすね……。

大川　人にしたことは覚えてないでしょ？　人にしてもらったことは覚えているけど。そういう性格だよね。

論外　この当時、大川さんにメキシコとかで写真を撮ってもらっているんでしょうけど、今みたいにケータイやパソコンが普及しているわけでもなかったし、かといって紙焼きにしてもらうってこともなかったんで。

大川　そうだね。でも、けっこう写真は撮っているよ。アレナ・コリセオはもちろん、アレナ・メヒコでＮＯＳ

CMLL 時代には、TAKEMURA&NOSAWA&MAZADA の三人でアレナ・メヒコをジャックした

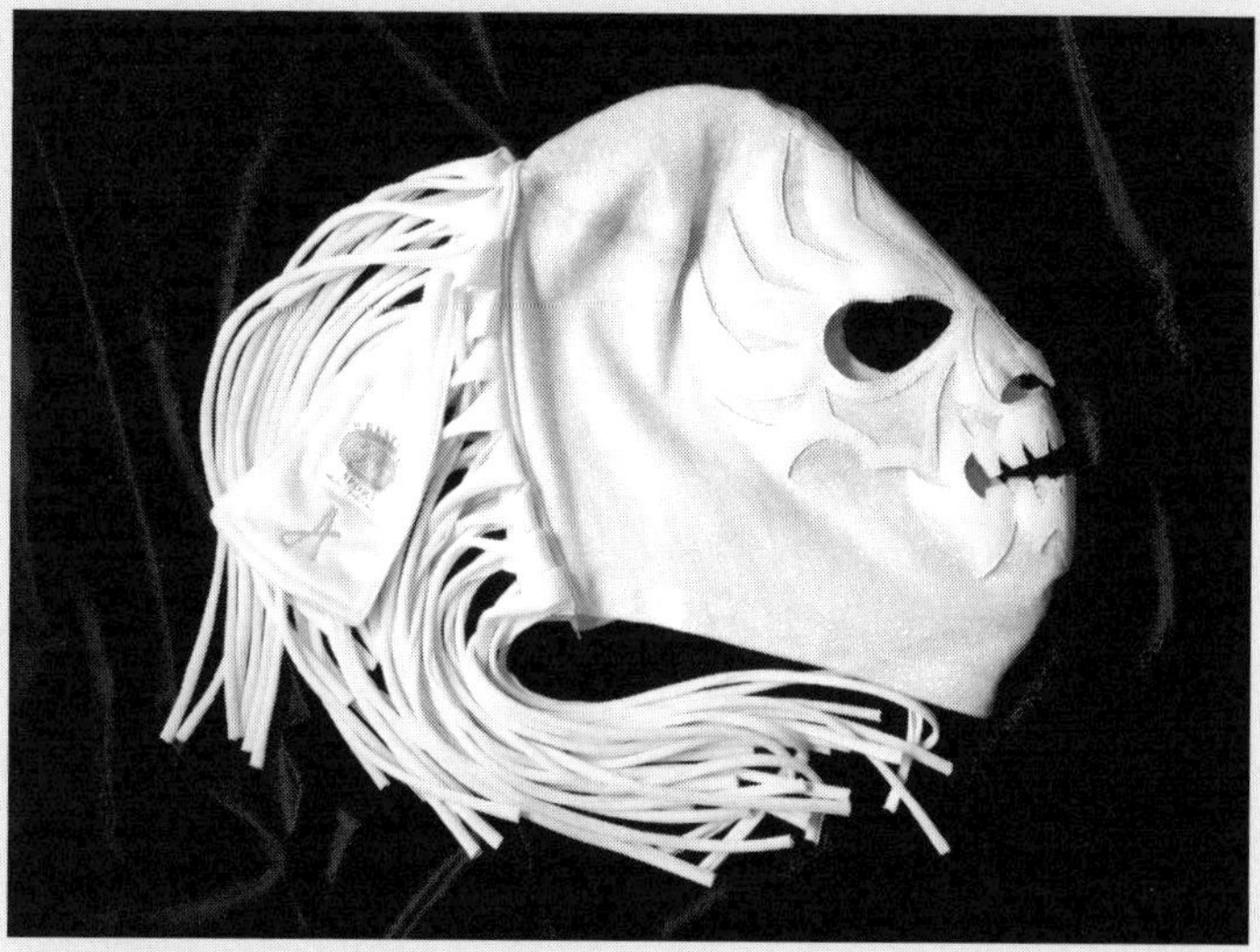

1999年6月1日、メキシコの定宿ホテル・プエブラで〝レガロ〟してくれたマスク

ＡＷＡ、ＭＡＺＡＤＡ、ＴＡＫＥＭＵＲＡのトリオを撮っているし。

論外　あと、ロスでも撮ってくださってますよね？

大川　あ～、試合前に殺されるかもしれないって言ってたときか。で、その選手が当日になって会場にこれないとか騒ぎ出して……誰だったっけ？

論外　ニュー・ジャック（※凶暴なギャングスタイルと過激なハードコアファイトでＥＣＷなどで活躍。２０２１年死去）ですね。

大川　あの会場、ダニエル・ブライアンも出場してたけど、アメリカのプロレス会場って、後楽園ホールのように〝会場はここの建物です〟っていうところは少ないよね。普通の商業施設みたいな建物の中に突然、体育館みたいな造りの会場があったりして、分かりにくくて。

論外　そういえば、俺がサブゥとやったときも大川さんがきてくれましたよね。あとはＣＩＭＡや戸澤（陽）とメキシコで撮影したことも覚えています。

大川　で、最後に海外で一緒になったのはハヤブサと行ったメキシコだね。当時メキシコに行くと、だいたい論外もメキシコにいたイメージが強い。それで日本とメキシコでの出会いを通して、すごく細かくてキッチリしている人だってわかって。あと、何かを頼んだときに普通だったら面倒くさいことでも、論外は必ずちゃんとどうにかしてくれるっていう信頼はあったね、若いときから。

論外　そうっすか？　ありがとうございます！

大川　興行を仕切ったりしているとお互いに見えてくるでしょ？　そういうときに「こんなに細かくやってくれるんだ」ということがわかる。そして選手だからこそできる交渉とかもしてくれた。今までやってきた興行のほとんどはＮＯＳＡＷＡ論外ありきだよ。

アレナ・メヒコのメインに立ったＮＯＳＡＷＡ流の処世術

論外　ありがたいですね。大川さんとは気付いたら一緒に何かをしているって感じでしたね。どこで何をしたとか、そのときの印象は言われたら「あ、そうだったよな」と思い出すんですけど……。

大川　最初の頃の出会いはそうだよね。この本でも書いていることだけど論外と出会った頃のメキシコって、そ

論外と一緒のメキシコではハヤブサもとびきりの笑顔を見せてくれた

こでしかプロレスラーになれないからやってきた日本人の若者が多かったでしょ？ でも、中には遊び半分できていた子もいたわけで。だけど、NOSAWA論外というレスラーは最初からドッシリ構えていて、修行っていう感じじゃなかった。そこから自分で道を切り拓いて、ロスにも出ていったし。とにかく逞しかったよね。メキシコでもCMLLに上がりながら、IWRGという団体のボスともつながったりして。AAAの事務所にも一緒に行ったよね？

論外 （創設者で社長だった故・アントニオ）ペーニャに会いましたよね。当時はCMLLの所属だったんですけど、「トーキョー・バイパーズって、どう？」ってアイデアを出して。それでAAAにほぼ移籍が決まったんですよね。でも、諸事情で移籍ができなくなって。そうしたらアイディアがパクられて、そのキャラがAAAに登場するっていう（笑）。

大川 どうして移籍しなかったんだっけ？

論外 移籍を企てていたのが、CMLLにバレてオフィスに呼び出されたんですよ。それで「カベジェラ戦をやらせてやるから書類にサインしろ」って。そこでカベジェラ戦を取ったんですよ。

大川　俺はその試合に立ち会えなかったけど、アレナ・メヒコのメインを飾ったんだよね。当時、日本人レスラーがアレナ・メヒコでメインをとるなんて信じられなかった。団体の後ろ盾もなくて自力でつかんだわけでしょ。そういう実績がホンモノなんだよ。

論外　いや～、調子が良かっただけっすよ（笑）。

大川　思えば、その頃までのメキシコって、アイデア次第でどうにでもなったよね。メキシコの人たちもなんとなく日本人に好意を持ってくれていて。それがだんだんできなくなってきて……。

論外　日本の企業が入ってきて、メキシコの自由が失われた気がしますね。悪い言い方すれば、いろんな人たちがメキシコを食いものにしているっていうか。

大川　東京愚連隊がメキシコで活躍していた2000年当時は、今みたいにSNSもなければ、ネットも今ほど発達はしていなかったから、論外たちの活躍ぶりがあまり日本に伝わらなかったことは惜しいよね。

論外　まぁ、でも、俺は当時からマスコミ、大嫌いでしたからね（笑）。そりゃあ雑誌に載らないよりも載ったほうがいいんでしょうけど、無理に載せてほしいとは思わなかったんですよ。感じ悪いマスコミに頭下げたりするのもなんだし。

大川　（苦笑）ここ10年、15年くらいの間なんだけど、プロレスに愛情が感じられないマスコミに、イヤな空気を出すプロレスラーが三人くらいいるんだよ。その1位が論外だね（笑）。

論外　え、俺ですか!?　そんなに酷かったかな（笑）。

ブッチャー招聘を決意させたNOSAWA論外の一言

論外　メキシコの話に戻しますけど、俺は好き勝手やってただけなんですよね。いろんな人に「当時のメキシコでヒートを買っていたなんてすごいよね」って言われるけど、自分としては何かをやり遂げたという気持ちもないですし……。

大川　でも楽しくやってたよね。好きにやってただけ、というのが本来のメキシコの気質であってさ。

論外　いろいろな俺のエピソードが業界で語られていま

「ブッチャー・フィエスタ〜2010血祭り〜」の打ち上げで実現した4ショット

すけど、半分は都市伝説っすよ（笑）。

大川　変にコントロールされることなく、好きにやるのが自由の闘い、ルチャ・リブレでしょ。たぶん、内藤（哲也）選手もそれをメキシコでつかんだと思うんだよね。メキシコへ行ってルーシュやソンブラの媚びない輝きに価値があるって気付いたんじゃないかな。自分を通すにはいろんな方法があると思うよ。ロス・インゴベルナブレスみたいなスタイルもあれば、NOSAWA論外のようなタイプもいて。その中で論外は一番自由にやってたし、のし上がろうという思いもしっかり持っていたから、AAAに話を持っていってたりもしたし。

論外　運が良かっただけっすよ（笑）。それは出会いも含めてですよ。人生、いろいろありましたけど（苦笑）。

大川　それは本当にスゴイよね。普通は3回トラブルを起こしたらアウトだからね！

論外　ほんとに申し訳ないです（苦笑）。

大川　この二人に共通しているのは、出会いはあるけど、いろいろな人と仲良くするタイプじゃないよね？　その代わりに狭い中ではギュッとした仲間意識があって、だからといって馴れ合うわけではない。

論外　でも、何かあったときにパッとやりますよね。それがいろいろなレジェンド興行であって。

大川　レジェンド興行で印象深いのは、論外の一言だよね。ブッチャーの『血祭り』を開催するにあたって、俺は最初「そのうちね」なんてのんびり構えてたんだよね。そしたら、論外は「そのうちなんて言ってたら、ブッチャー死んじゃいますよ」って。論外には人を動かす才能があるよね。

論外　「死ぬ？　じゃあ、やろう！」ってなりましたしね。まあ、ブッチャーはまだ生きていますけど（笑）。

大川　その大会には鈴木みのるがブッチャーと組んで出場したでしょ。思うところは鈴木みのるが鈴木選手本人との対談で聞くけど、それもNOSAWA論外がつないだ縁だしね。

論外　鈴木さんは……プロレスに戻ってきたときは必死でしたよね。少し大人になったんじゃないですか？　俺のおかげで（笑）。

大川　いや、本当だよ。俺の狭い〝鈴木みのる論〟からしか言えないけど、あのとき、NOSAWA論外に会っていなければ今の鈴木みのるはないと思う。論外はものをいうときは遠慮しないでしょ？　そばで見てて「あ、鈴木みのるに意見してるんだ！」って驚いたことあるもん。

論外　フィクションですよ。それも都市伝説ってことで（笑）。

大川　なんなんだろうね、この人たらし感は……。マスカラスさんをはじめ、多くのレジェンドにも好かれているし。まぁ、一回、（ロッシー）小川さんと一緒に空港にマスカラスさんを迎えに行くとき、こなかったこともあったけど……。

論外　これは言い訳じゃないんですけど、サマータイムが悪いんですよ。マスカラスさんに聞いた到着日が、サマータイムか何かで日本時間に直すと次の日になってて。突然、ドームホテルから電話があって、「モチモチ？」って。マスカラスさんの声が聞こえてきたから「え？　今日だったの？」って焦りましたよ。

大川　外国人選手を迎えに行くときあるあるだよね（笑）。でも、そういうときに絶対に怒らないんだよね、マスカラスさんは。とても紳士的で。

論外　実は大川さんと知り合う前にメキシコでマスカラスさんとタッグを組んだことがあったんですよ。俺、サッカー少年でプロレスファンじゃなかったんだけど、さす

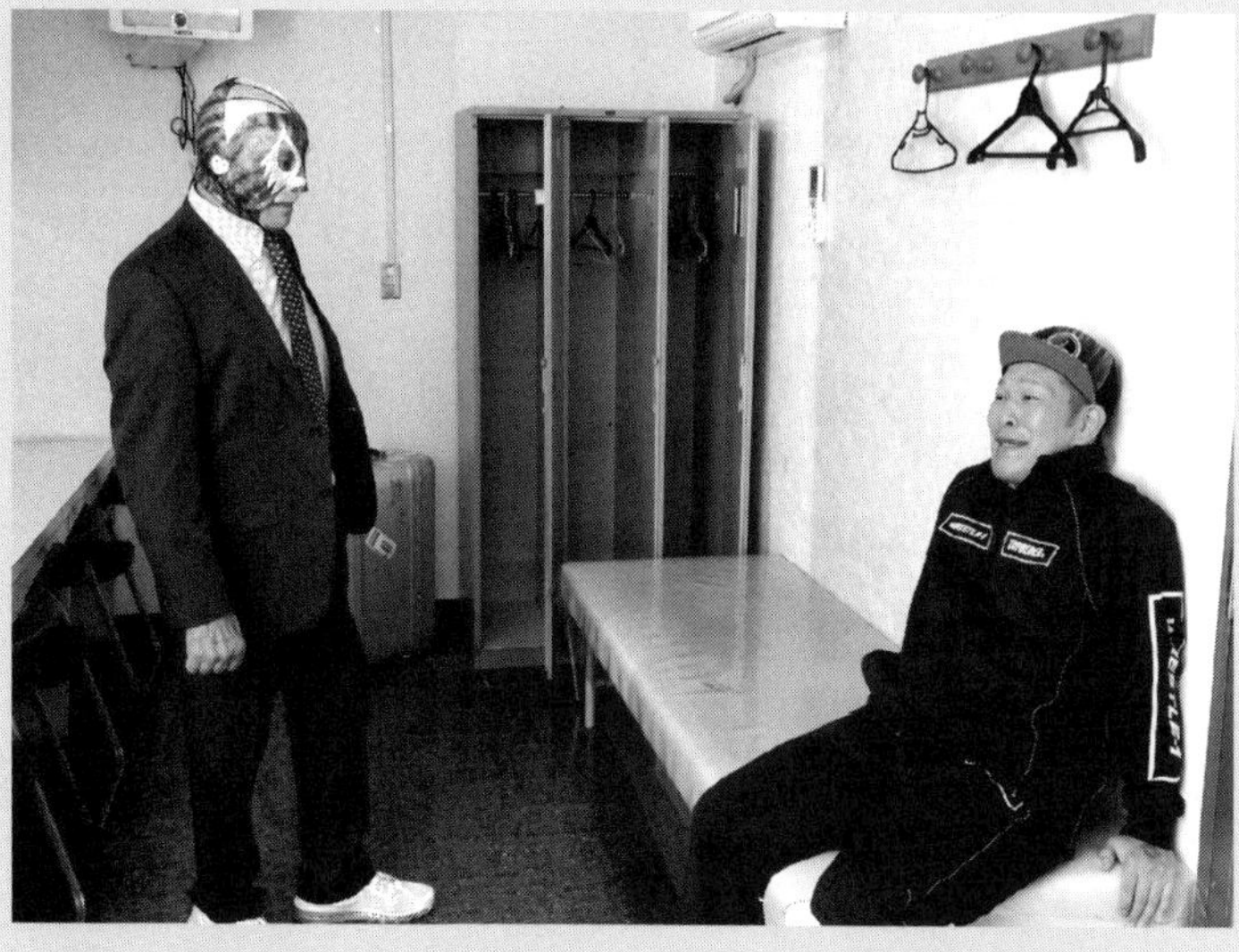

後楽園ホールの控室でマスカラスさんと談笑する。プロデューサーとしての一面も。

がにマスカラスさんのことは知っていて。まぁ、具体的に何をやっていた人かは分からなかったんだけど、とりあえずマスクが欲しくなっちゃったんですよ。
大川　好きでもないのに？（笑）
論外　いや、記念に手に入れておいた方がいいかなって。それで試合の後にお願いしたら「オマエの財布の中身じゃ、俺のマスクは買えない」って拒否されました（笑）。
大川　（笑）それが今では帰り際にプレゼントされるまでになったからね。マスカラスさんにとってNOSAWA論外は、日本における重要人物。論外がいるから、マスカラスさんも日本に安心してこられるんだよ。

天龍源一郎をマジにさせた！ホンモノだから見られた光景

大川　論外がすごいのは、レジェンド相手でも自然体なんだよね。俺ら世代は功績が分かっている分、レジェンドを前にするとどこか畏まってしまうんだけど、論外はいつも楽しそうにしてるんだよね。気負ってなくて、しかも頼まれたことは断らないからベテランの人たちに好かれるんだなって思う。たとえば、コロナ前に定期的にあった武藤さんの飲み会にもきてたでしょ？

論外　あの高いワインが飲める会ですよね（笑）。

大川　そう（笑）。武藤さん、論外と一緒だと楽しそうだったもん。その信頼感……ホンモノとして認められているのはリング上でもそうだったよね。

論外　そうですか？

大川　天龍プロジェクトのオフィシャルカメラマンをやっていたけど、引退前の天龍さんが誰よりも強いパンチを叩きこんでいたのはNOSAWA論外だった。大仁田さんがサンダーファイヤーパワーボムを誰よりも高い角度から落としたり、机で頭をブッ叩いていたのもNOSAWA論外だった。これって、ベテランからホンモノだと認められた証だよね。

論外　変な表現ですけど、あぁ、俺にはやってくれるんだっていう喜びといったらわかりますかね？　ベテランの方って全盛期は時代が違うので闘えなかったけど、それでも今の最大限を引き出せたといったらおこがましいですけど、思い切りきてくれるのは、やっていて楽しかったし、嬉しかったです。

大川　あの年代の人の迫力を引き出せた瞬間は写真にもしっかり残っているよ。みんな、すごい顔でNOSAWA論外をせめているからね。

論外　かわいがりってやつですね（苦笑）。

大川　そして、NOSAWA論外がレジェンドたちのせめをどれほどの覚悟を持って受けていたのかも写真として残っている。その姿を引退する最後まで残せたのはカメラマンとして良かったなって思うよ。本当はマスコミなんかに写真を撮られるのは嫌いだろうけど（笑）。

論外　いやいや、大川さんは別ですよ。っていうか、バックステージで写真を撮ってもらうのは大川さんだけなので、それがすべてですよ。他のマスコミがきたら「あっち行け！」って言いますもん。

最後の東京愚連隊興行と下関のフグ事件

大川　でも、最後の東京愚連隊興行（2022年12月20日）は気を遣ったな。せっかくタケちゃん（TAKEMURA）も出てくるから全員で写真を撮りたかったけど、ピリピ

論外の顔が歪むほど強烈な天龍さんのグーパンチ。これも認められている証拠だ。

りするのも予想できたから、前日に「もしも、撮っておいたほうがよければ声をかけてくださいね……」と思いっきり下手に出て連絡したりして。

論外　感じ悪いっすね、俺（笑）。

大川　でも、それは興行を仕切っている立場だから、当然だよね。背負っているものがあるから仕方ない。でも、あの日はタケちゃんが出てくる奇跡があったし、その歴史を考えたら絶対に撮るべきだって。

論外　TAKEMURAのことで一つ、いいっすか？　俺、ドクターストップで引退したわけじゃないですか？　それをタケちゃんも知っているのに、アイツ、「僕も下関で興行やるから出てください」って。いや、「俺、もうそんなに試合できないって言ったよね？」って（笑）。

大川　まぁ、タケちゃんは空気を読まないときがあるからね……。

論外　でも、13年ぶりの再会ではしゃいでいたので、TAKEMURAの興行に出ることにしたんですよ。それで、試合前に唐戸市場に行ったらフグを売っていたんですよ。

大川　下関はフグが名物だもんね（笑）。

論外　でも、これから試合だから、夜に食おうって我慢したんですよ。それで控室でＦＵＪＩＴＡとかと「夜、フグ食べに行こうぜ」って店を調べたりして盛り上がっていたら、タケちゃんが「今晩、打ち上げを用意してますんで」って言うんですよ。そんなタイミングで声をかけてきたから、当然、フグが食えると思うじゃないですか。しかも、「藤波さんもいらっしゃいますから」なんて言うんですよ。

大川　そりゃあ、期待しちゃうよね（笑）。

論外　でも、連れて行かれた店を見て、がっかりですよ。焼肉屋なんですよ。なんで下関で焼肉なんだと。

大川　（笑）

論外　どうにも収まらなくて、ＦＵＪＩＴＡなんかと肉を焼きながら「いつフグが出てくるんだよ」とかブツブツ言っていたんですよ。そしたら、それを聞きつけた藤波さんが「えっ、フグあるの？」なんて言ってこっちにきたりして（笑）。もう散々でしたよ。

大川　ＴＡＫＥＭＵＲＡイズム爆発だな～（笑）。

論外　まぁ、最後がそれで楽しかったですけどね。

引退するときは一緒…あのレジェンドにまさかの提案

大川　真面目な話として、論外とはずっと一緒にやってきたけど、お互いに儲けを考えないで「楽しいことをやろう」というのが口癖になっていたよね。

論外　そうですね。大川さんは俺が調子に乗っていたり、腐っているときにちゃんと厳しい言葉をくれるんで、それで助かったことが何度もあります。それはプロレスラーとしてだけではなく、人生の部分でも。あまり自分にモノを言う人がいないので……。

大川　（撮影中のカメラマンに）だって怖いもんね？（笑）

論外　やめてくださいよ！（笑）下も上も俺に気をつかうから逆にイヤなんですよ。でも、大川さんはズバッと言ってくれてありがたいです。

大川　別に何も言ってないけどね（笑）。そろそろ時間なので引退について話をしよう。最初に聞いたときは、全然シリアスな感じじゃなかったよね。「武藤さんと同じ日に引退しようと思ってるんですけど、なかなかウンって言ってくれないんですよ」って。

東京愚連隊最終興行で竹ちゃん（TAKEMURA）を囲んで笑顔のスクラム

論外　武藤さんには「イヤだ！」って言われたんですよ。

大川　そりゃイヤだよ、自分の引退興行なんだから。

論外　実は武藤さんが引退を発表する前から自分もそろそろ辞めようと思っていたんですよ。そしたら武藤さんが引退するっていうじゃないですか。そのときはまだドームでやるって決まっていなかったけど、「武藤さん、俺も一緒に辞めますよ」って言ったら「ズラせよ！」って（笑）。でも、最後には「一緒に引退するか」って言ってくださったんですよね。

大川　それを聞いて一番面白い引退だなって。論外には取って付けたような引退興行をやって、シンミリと10カウントゴングを聞くなんて似合わない。そういう生き様だったから、らしくていいなって思ったよ。ま、少し試合時間が短かったけど……。

論外　俺はプロレスって、カードが決まって、入場をするところで9割完成しているって思いがあるんです。武藤さんの引退興行の中に俺の引退試合が組まれて、ドームに入場でしょ。試合自体は短かったけど、思い残すことはなかったですよ（笑）。屋台村という小さい会場から始めて、ドームで引退したのなんて自分だけじゃないですか？

大川　ドームで引退した選手は、そんなにいないからね。猪木さん、長州さん、ライガーさん、武藤さん、そしてNOSAWA論外だけじゃないかな。これから新しいことも始まるみたいだから楽しみにしてるよ。

論外　引退したからって大川さんとの関係が変わることはないですしね。そういえば、こないだ久しぶりに武藤さんに会ったら、「今度、マスターズで運動会やろう！」って言ってましたよ。試合はできないから運動会にしたいそうなんですが……どうなるんですかね？（笑）

NOSAWA 論外

1976年生まれ。千葉県出身。95年にPWC（プロ・レスリング・クルセイダーズ）でデビュー。メキシコのCMLLなどで活躍した後、全日本プロレスやNOAHに参戦。プロデューサーとしても活動し、「NOSAWA BOM － BA-YE！」などバラエティー豊かな興行を多数手がけた。2023年2月21日、東京ドームで〝便乗〟引退。

2023年2月21日、引退試合のリングへ向かう〝パレハ〟MAZADAと論外（右）

引退試合は石森が4分43秒で介錯し、27年にわたるレスラー人生に終止符を打った

BVD
POWER-ATHLETE

第三章

格闘写真館

IWGP
CHAMPION
WRESTLING GRAND PRIX

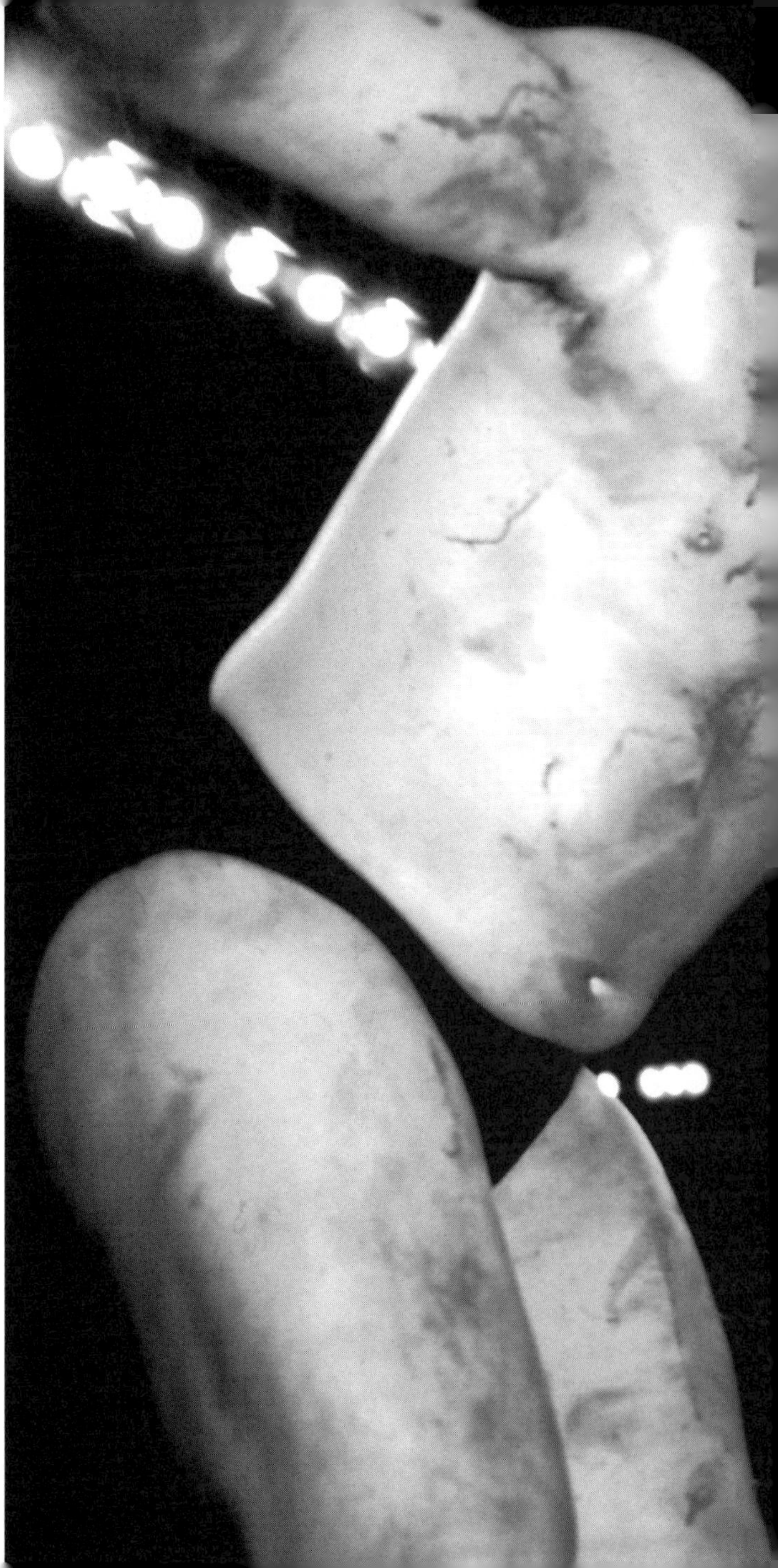

UNITED
NATIONAL
CHAMPION

IWGP

ル携帯サ

ARISTRIST
GLIO

『週刊ゴング』表紙物語

1984年から2007年にかけて、千号以上も刊行された『週刊ゴング』。ここでは筆者による選りすぐりの表紙を取り上げ、その知られざる撮影秘話を記した。

新日本高松大会の試合後にライガー＆デルフィン＆人生が集合し、ホテルの2階でひっそり撮影し、ゴングらしい表紙が完成。『週プロ』の新日担当記者が編集長から大目玉を喰らったとか。

1998年1月4日の東京ドームでの長州力引退試合での5人掛け（藤田、吉江、高岩、飯塚、ライガー）で最後の相手となったライガーへのリキ・ラリアットが表紙を飾った。

地方大会の照明がない体育館で、GKさんからの指示で表紙を狙うと言われ、試合前に佐々木健介選手にゴング直前に長州さんの後でコーナーに上がって欲しいとお願いして実現した1枚。

WAR両国国技館大会でタッグマッチながら実現した「天龍vs高田」。表紙候補のこの絡みだけはストロボ撮影で表紙を狙い、右ハイキックが決まり、かつ両者の顔が見える写真が撮れたのだ。

モーリス・スミスとの運命の再戦を終えた翌日の新神戸駅で、鈴木＆船木がモーリスとバッタリ出会い、新幹線の出発時間までしばし談笑。僕は慌ててカメラをセットし、表紙撮影に成功した。

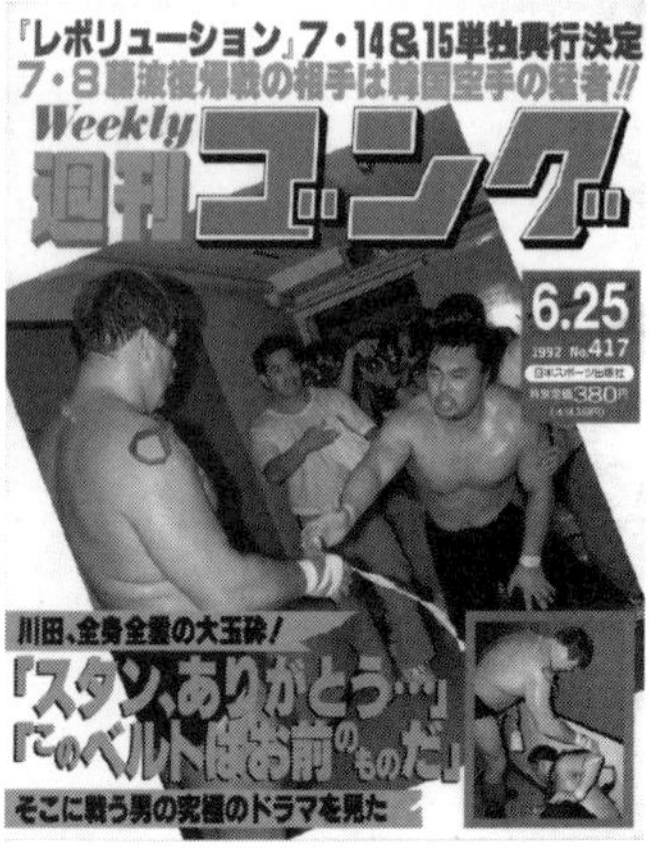

1992年6月5日、武道館で行われたハンセン vs 川田の三冠戦の試合後、敗れた川田が、控室のハンセンを追い握手を求めた。狭い通路での突然の出来事だったが、なんとかいい位置をキープして撮影できた。

ヒクソン・グレイシー vs 船木誠勝の壮絶なフィニッシュシーン。敗れた船木は引退へ。その側で鈴木みのるがヒクソンへのリベンジを決意し、プロレス業界への復帰を密かに決意した瞬間である。

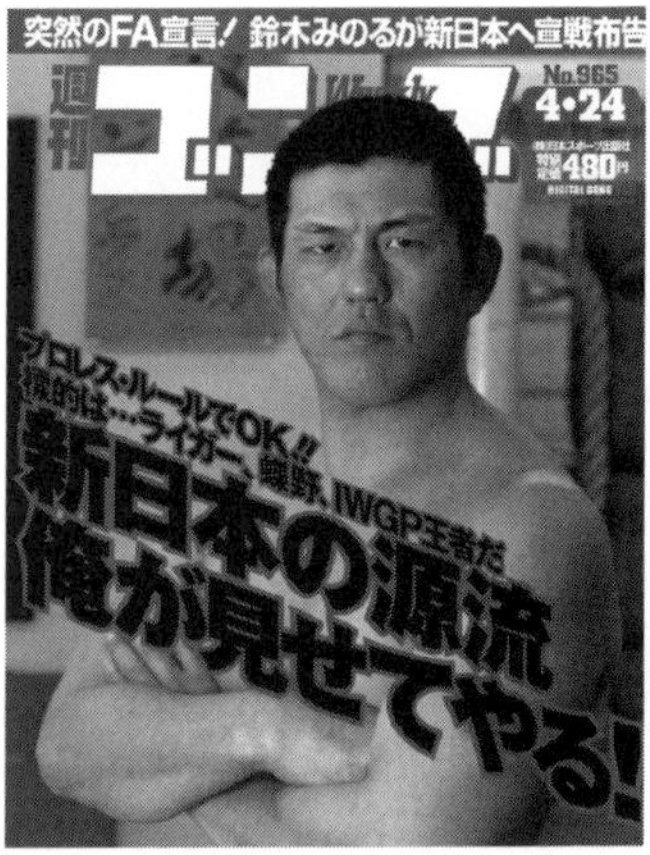

2003年の鈴木みのる「プロレス復帰宣言」は、『週刊ゴング』が独占取材した。このときも〝縁〟があり、僕が立ち会うことができた。このインタビューの場で、ターゲットをライガー、蝶野、IWGP と明確にした。

新日本プロレス上陸を目論む大仁田さんから『週刊ゴング』編集部に連絡が入った。正月の生放送のテレビ番組で猪木さんが多摩川を走る、そのロケを直撃して対戦要求するので取材してほしいという話だった。僕と記者は前日夜に大仁田さんと合流、大仁田さん宅に泊まり込んで早朝の取材に備えた。この写真はそうして撮影した1枚。大仁田さんと猪木さんとの直接対決はならなかったが、この写真を撮った約5年後の1999年1月4日、東京ドーム大会の佐々木健介戦で大仁田さんは悲願の新日本プロレス参戦を実現させる。

2001年10月28日、福岡国際センターで、武藤＆ケアがIWGPタッグ王座を奪取。その試合後、6本のベルトを手にした武藤さんを控室前の通路で『週刊ゴング』独占で撮影。新日離脱3か月前だった。

2003年12月9日、大阪府立体育会館大会で天山からIWGPヘビー級王座を奪取した翌日、宿泊先近くの公園で新チャンピオンとなった中邑真輔を撮影。表紙の文字に新日本を背負ったことが示されている。

長州力と前田日明が会う――。ビッグマウス・ラウドの上井文彦さんから連絡が入った。『週刊ゴング』の独占スクープ、ただし取材はカメラマンひとりできてほしいという。「だったら大川しかいない」というＧＫさんからのご指名を受け、僕が撮影に行くことになった。場所は東京タワー近くの焼肉屋。到着してすぐ上井さんから電話が入った。「長州さんも前田さんも大川さんなら良いと言っている。すぐにきてください」。大きなテーブルを挟んで食事をする二人、その隣には星野勘太郎さんがいた。「いつもお父さん（星野さんのこと）に助けてもらっているんだよ」と長州さんが前田さんに語る。この奇跡の会談は、星野さんが間に入って実現したものだったのだ。僕が撮影を始めると、星野さんが「俺がここにいたことは秘密だぞ」と耳打ちした。表に出ることを良しとしない星野さんらしい気遣い。僕は星野さんとの約束を守り、記事に星野さんのことは書かないでもらった。2010年に星野さんがお亡くなりになったとき、僕はこの事実を初めてブログで明かした。人づてに星野さんの息子さんがブログを読んで喜んでくださったと聞いた。僕にとって心と記憶に残る取材だ。

食事中、会話を楽しむ三人。僕が立ち会った中では、長州さんは一番楽しそうにされていた。

撮影終了間際に実現した奇跡の3ショット。前田さんも柔らかな笑顔を浮かべている。

「表紙物語・特別編」CMLL 遠征中の棚橋選手のペイント姿で、『週刊プロレス』の表紙を僕の写真が飾った記念の1冊だが……この翌週、CMLL 側から謎の取材拒否を受けた。12年前の話。

プロレス劣勢の時期に実現したプロレス界〝夢の頂上決戦〟小橋 vs 蝶野が、新日本のリングでノアの GHC ヘビー級選手権をかけて実現。敗れてなお、新日本を背負った蝶野さんが印象に残った。

2004年10月9日の新日本プロレス・両国国技館大会で長州力来場の噂がマスコミの間で流れた。もし、長州さんが来場すれば、2002年に新日本プロレスを離脱して以来の新日本プロレス登場となる。そうなれば『週刊ゴング』としては表紙候補の事件だ。ＧＫさんもいつも以上の緊張感でカメラマンとの打ち合わせに余念がなかった。休憩時間の新日マットに長州さんが乱入。迎えうった永田選手に強烈な張り手を浴びせた。その瞬間を、表紙を意識してストロボ一発勝負で撮影し、ＧＫ金沢さんの編集長としての最終号に何とか花を添えることができたのだった。

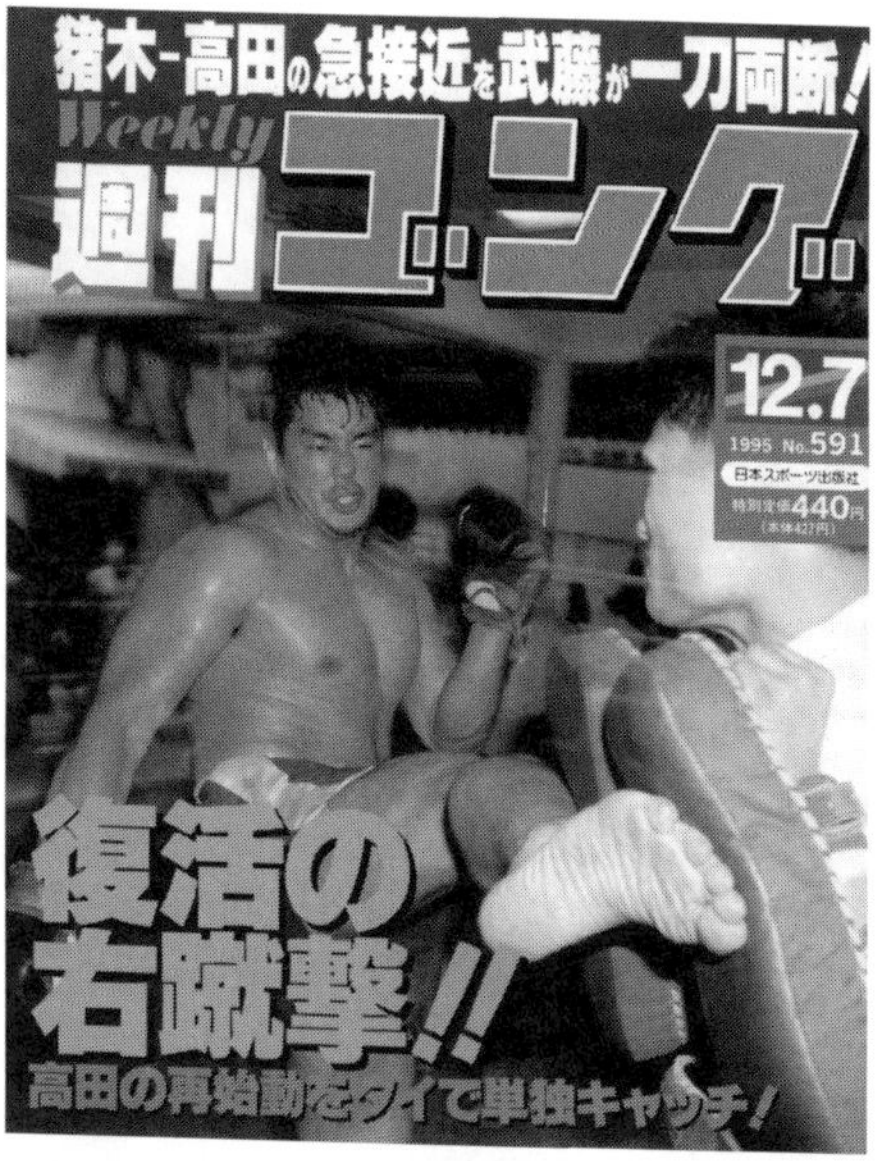

1995年〝伝説の10.9〟で敗れ、右ひざを負傷した高田さんが、タイのムエタイジムで再起を図ることになった。僕ら取材陣は3泊4日の旅程でバンコク入りした。このときにお世話になったのが、UWFインターのコーチだったボーウィー・チョーワイクンさんだった。ボーウィーさんは高田さんが到着するまでの間、観光や食事など僕らの世話を焼いてくれ、過去にないほど楽しい取材旅行にしてくれた。今から数年前、WWEの日本公演・両国大会で偶然、ボーウィーさんにお会いした。そのときは挨拶をする程度で終わってしまったが、あの取材のお礼はいつか必ずさせていただきたいと思っている。

2008年8月、『週刊ゴング』の後継誌『Gリング』は最終号を迎えた。最後は僕の大好きなメキシコとルチャを特集。マスカラスさんと藤波さんの夢の対談は、後の仮面貴族フィエスタへとつながった。

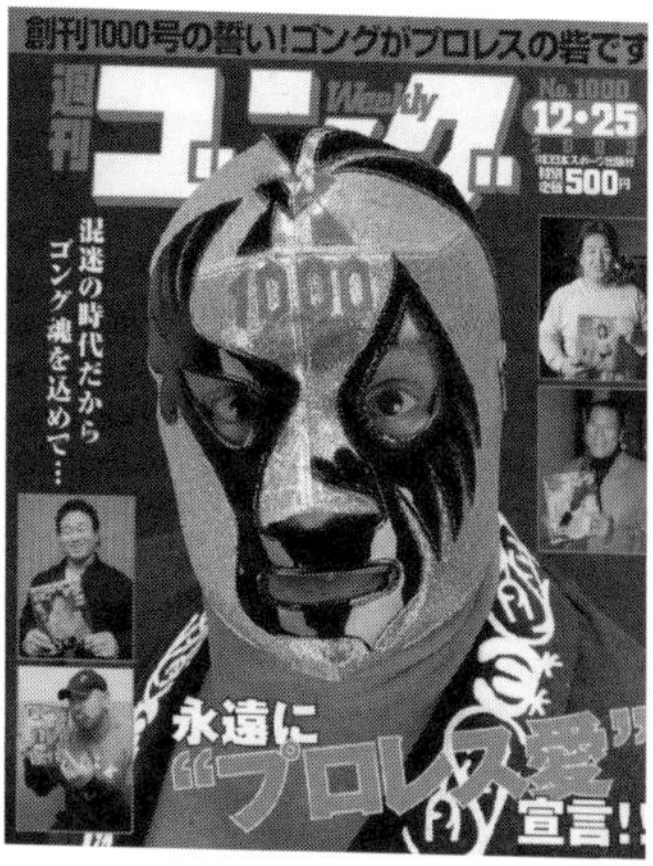

『週刊ゴング』1000号記念の表紙は〝仮面貴族〟ミル・マスカラス。実はこの写真を撮るために僕がメキシコまで行く予定だったが、マスカラスさんが「私が日本行く」と言って日本での撮影が実現したのだ。

第四章 去る男たちの素顔

天龍源一郎

Tenryu Genichrou

仮面貴族フィエスタの天龍源一郎

僕がプロレス業界に入った直後、天龍さんは阿修羅・原さんらと天龍同盟を結成。〝天龍革命〟と呼ばれたその闘いは、全日本プロレスに激しい日本人対決をもたらした。だが、僕の中で天龍さんと言うと、外国人レスラーとの絡みがやけに印象に残っている。ハンセンとのタッグ結成、ウォリアーズとのトリオ結成、ランディ・サベージとの名勝負、ホーガンとタッグを組んでのウォリアーズ戦……。

僕は『週刊ゴング』時代、たぶん一番多く天龍さんのインタビュー撮影を担当させていただいたが、その撮影時のポーズのとり方は、サービス精神旺盛で、完全にアメリカナイズされていた印象がある。

僕が30歳にして日本スポーツ出版社の退社を決意、フリーランスになる直前に天龍さんのインタビュー取材があった。その席で短いけど僕にとって特別な言葉をかけていただいた。取材の終盤、同行していた先輩記者が僕がフリーになることを天龍さんに告げてくれたのだが、その後、記者が席を外したタイミングで「オマエ、絶対負けるなよ！」と優しく声をかけてくださったのだ。天龍さんご自身も全日本プロレ

【天龍源一郎】1950年生まれ、福井県出身。角界を経て、1976年に全日本プロレスに入団。その後、様々な団体を渡り歩き、数多くの名勝負を残す。ジャイアント馬場、アントニオ猪木の二人からピンフォールを奪った唯一の日本人レスラーでもある。2015年11月15日に引退。

スをやめて、様々な舞台を生き抜いた方なので、その言葉は非常に重く、身が引き締まる思いだった。

『週刊ゴング』が廃刊となった後、僕は２００９年からマスカラスさんを中心としたレジェンド興行「仮面貴族フィエスタ」を開催してきた。僕が手がけた全7大会のうち、天龍さんには２０１０年の「仮面貴族フィエスタ２０１０」と最終興行となった「仮面貴族フィエスタ２０１１」に参戦していただいた。

「仮面貴族フィエスタ２０１０」では、マスカラスさんとタッグを結成していただき、藤原組長との対戦をマッチアップした。試合後、リングサイドで観戦していたハヤブサのもとへマスカラスさんと駆け寄り、夢の3ショットが実現した。この流れにより、「仮面貴族フィエスタ２０１１」のハヤブサ・プロデュースマッチでは、天龍さんの〝兄〟の大ハヤブサが出場。試合前には、大会Tシャツを着て、大ハヤブサとして、マスカラス・ブラザースの控室を訪ね、夢の3ショットを撮らせてくれた。これは、10周年を迎えた僕の店へのプレゼントだったと思っている。また、この日の試合では、試合終盤の五人連続の場外ダイブの大トリで、エプロンからのクロス・ボディを披露してくださった。〝粋〟という他ない。

すべてを出し切った引退試合に密着

そんな特別な存在の天龍さんの引退ロードを、オフィシャルカメラマンとしてお手伝いさせていただいた。

引退試合が決まって、驚かされたことが二つ。一つは、両国国技館での開催、もう一つはその引退試合の相手がオカダ・カズチカ選手だったことだ。

「仮面貴族フィエスタ2011」では、マスカラス・ブラザースとの3ショットが実現

1989年の世界最強タッグ決定リーグ戦で実現した天龍＆ハンセンの〝龍艦砲〟

天龍さんの偉大な功績の中でも、現役時代に対戦した選手の顔ぶれは間違いなく日本一だと思う。ジャイアント馬場、ジャンボ鶴田、長州力、ミル・マスカラス、ブルーザー・ブロディ、スタン・ハンセン、ザ・ファンクス、ハルク・ホーガン、ランディ・サベージ、高田延彦、大仁田厚、藤波辰爾、武藤敬司、グレート・ムタ、アントニオ猪木、そして神取忍まで……〝夢の戦い〟を、その時代時代で次々に実現されてきた。そして、誰にも真似できないプロレスラー人生の最後の戦いの相手に選んだのが、まさに現在の日本プロレス界の顔であるオカダ・カズチカ選手だった。

２０１５年11月15日、引退試合当日、嶋田紋奈代表の計らいで、オールエリアアクセス可能なパスを用意していただいた。これは試合前の天龍さんの控室にも出入りさせていただけるという意味である。これから1日、失礼のない振る舞いが必要となる。当日は天龍さんの会場入りを地下駐車場で撮影することから撮影がスタートした。控室に入った天龍さんには、いつも通りにアラケン（新井健一郎）選手が付いてお世話をしていた。一番近くにはカブキさんの姿があって、次々に選手が挨拶にくる。リングシューズを履き、着替え終わると天龍さんはリングへと向かった。〝革命終焉〟の文字が入った真新しいマットで受け身の感触を確かめる。控室に戻ると天龍さんのテーマ曲〝サンダー・ストーム〟を作曲したギタリストの高中正義さんがご挨拶にこられ2ショットを撮影させていただき、後は、試合開始を待つだけとなった。

セミファイナルの途中から、僕は控室に入り、引退試合へ向かう天龍さんの姿を撮影した。

試合は、天龍さんのすべてを出し切った印象だった。グーパンチ、チョップ、顔面キック、53歳、ラリアット、延髄斬り、ＤＤＴ、ＷＡＲスペシャル、そして、コーナーを背にした状態での精一杯のパワー

引退試合に備えてリラックスした表情でストレッチをする天龍さん

ボム。すべてを出して燃え尽きたのか……最後は、オカダ・カズチカのレインメーカーに3カウントを聞いて、引退試合が終わったかに思えた。しかし、試合後コーナーを背にする天龍さんの姿を見て驚いた。その表情はまだ試合が続いているかのようだった。敗れても〝天龍革命〟の炎は燃え続けていたのだ。

この試合は、この年の東京スポーツ新聞社制定・プロレス大賞の年間最高試合に選ばれた。引退試合でベストバウト、最後までカッコ良すぎる！　引退試合のオフィシャルカメラマンとしての最後の撮影カットは、まき代夫人と共に帰宅の途につくご夫婦の姿だった。

この引退試合から少し時間が経つにつれて、僕の中にこの日の撮影について疑念とも後悔とも言えない気持ちが芽生えた。試合を決めた技はオカダ選手のレインメーカーだった。僕はプロレスカ

天龍源一郎、現役最後の相手は、〝レインメーカー〟オカダ・カズチカ

コーナーを背にしながら精一杯の〝最後〟のパワーボム

引退試合の最後は、オカダ・カズチカ渾身のレインメーカーに沈んだ

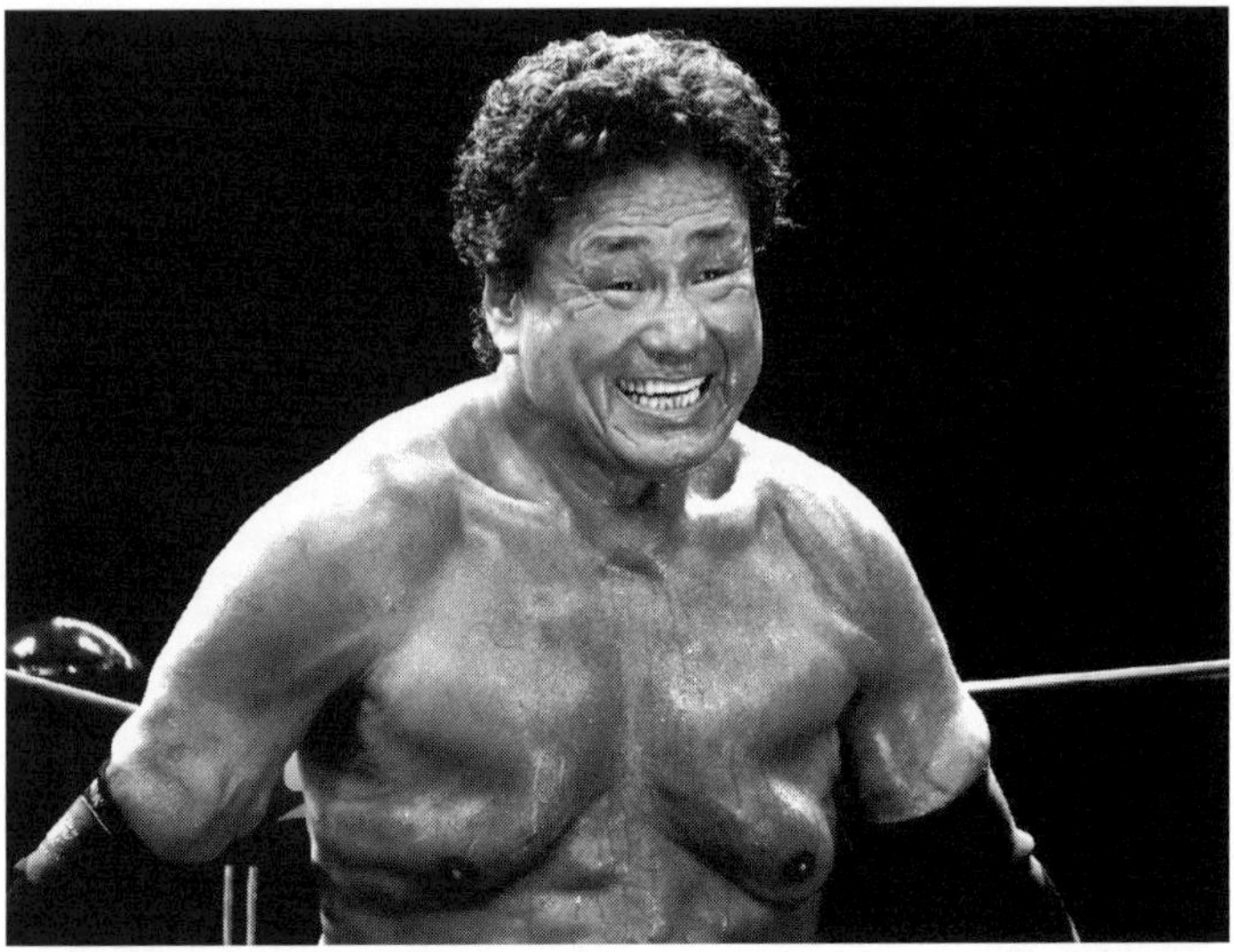

試合直後の天龍さんの表情。まだ〝天龍革命〟の炎は燃え続けていた。

メラマンの本能で、天龍さんの背後に周り、オカダ選手の顔が見える位置で撮影した。通常の試合ならこれがベストだったが、この日に限ってはわざと裏を食らって、天龍さんの表情を捉えるべきだったのではないかと今も自問自答している。

プロレスマスコミに仲間入りできた夜

全日本プロレス時代、特に天龍同盟を結成されてからは、天龍さんの周りには〝天龍番〟といわれる記者たちがいた。地方巡業に帯同するとほぼ毎晩、天龍さんと酒席を共にしていたのである。僕が業界に入って間もない頃、カメラマンである僕らにもそのチャンスが訪れた。今も忘れない秋田大会の試合後の控室、コメント終わりに天龍さんが「おう！　今日はカメラマンもみんなこい！」と声をかけてくださったのだ。試合後、指定された焼肉屋さんへ。そこには大量のお肉と大盛りご飯が用意されていて、次の店に移動するから、さっと腹を満たせ！という感じだった。2軒目のスナックに移動すると、噂の〝天龍スペシャル・カクテル〟（アイスペールにウィスキー、ブランデー、ビール、焼酎などを注いだちゃんぽん）をマスコミ全員で回し飲み。地方の街で、夜10時過ぎに大勢に食事をさせる店を確保し、酒席を用意する。大人になった今なら、そのありがたさが身に沁みる。この夜は一端のプロレスマスコミになれたようで嬉しかったのを、今も鮮明に覚えている。

ひとつだけ心残りなのは1992年に実現するはずだった天龍さんの〝幻〟のメキシコ遠征、アレナ・メヒコ登場が実現しなかったことだ。あの日のポスターには、ルチャ・エストレージャ（メインイベント）にGENICHIRO TENRYUの名前があった。……天龍さんの〝ルチャの殿堂〟アレナ・メヒコ登場、撮りたかったなあ。

そして、天龍さんについて僕が一番語りたい〝とっておきのお話〟は、鈴木みのる選手との対談の中でご紹介したい。

天龍源一郎　思い出の逸品

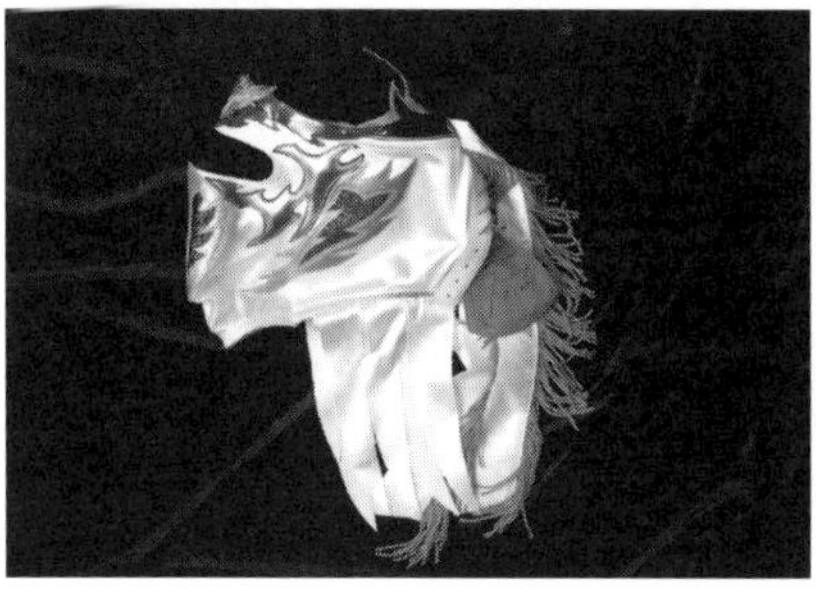

左：2011年10月7日、「仮面貴族FIESTA2011」（後楽園ホール大会）で使用された「YN製」大ハヤブサのマスク。右：僕の初めてのプロレス生観戦の日、最強タッグ最終戦、1979年12月13日、蔵前国技館でいただいた大仁田さん（上）と天龍さん（下）の寄せ書きサイン色紙。

佐々木健介

Sasaki kensuke

マスクド・ボルケーノのマスク独占販売

90年代前半は、全日本プロレスのリングでは〝四天王〟時代が到来、新日本プロレスのリングでは〝闘魂三銃士〟の時代がこようとしていた。そこに実力で割って入ったのが〝馳健〟馳浩選手と佐々木健介選手だった。

そこには、道場論が存在し、誰もが厳しい練習に耐え、強さを追求し、本物だけがプロのリングに立っていた時代。佐々木健介という選手は、強靭な肉体を作り上げ、自力で道を切り開いた選手。真面目で無骨、そんな印象だった。

僕が旧知の仲だった北斗晶さんと結婚されたのをきっかけに、２００４年にフリーになられたことで〝ご縁〟をいただいた存在となった。フリーになった直後には、当店でサイン会を開催していただいた。その頃、時折マスクマン・マスクド・ボルケーノに変身。その〝本物〟のマスクは当店独占で取り扱わせていただいた。同じ仕様のマスクでも、一点一点着用写真を撮影させていただき、直筆サインを入れてお

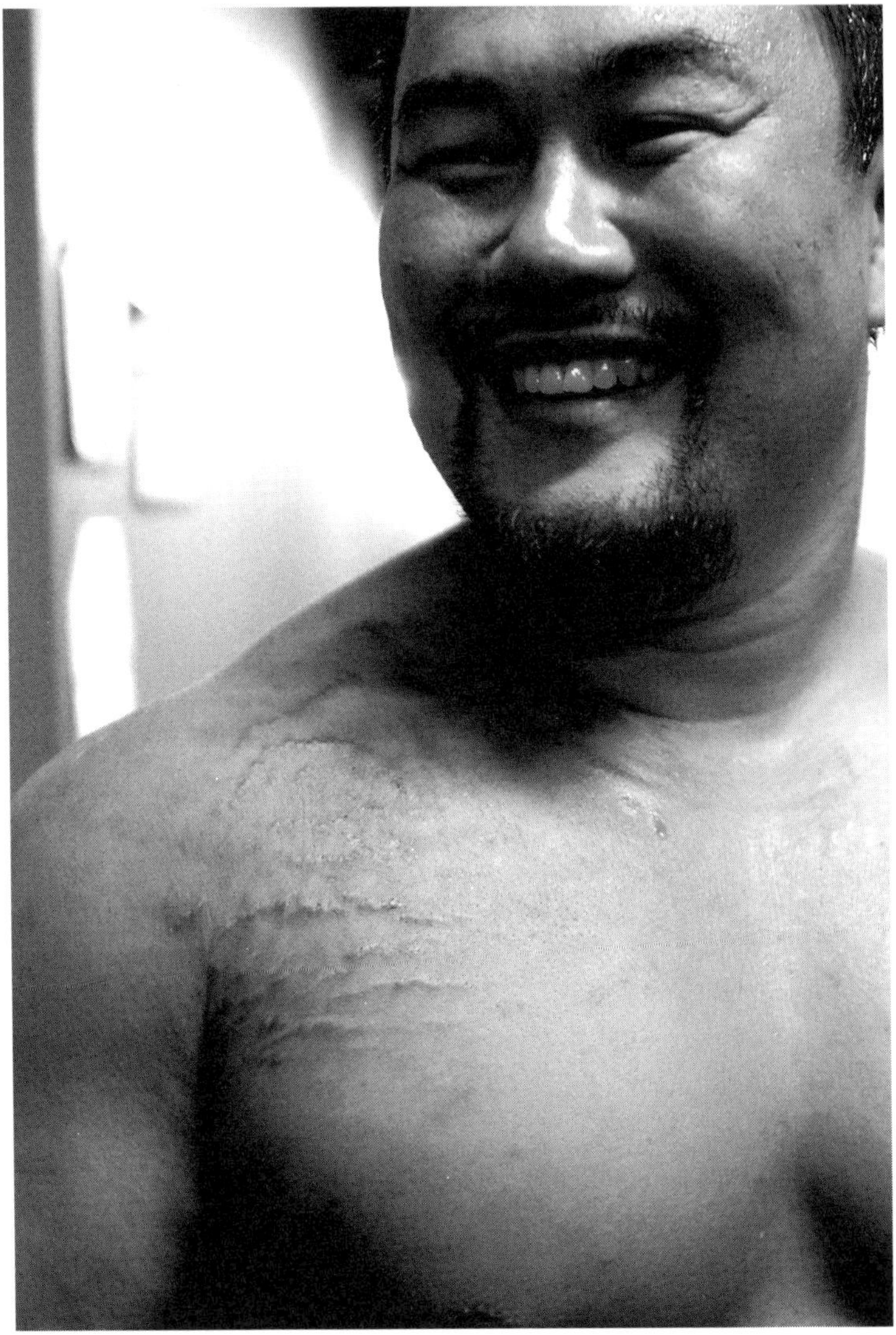

【佐々木健介】1966年生まれ、福岡県出身。1986年にジャパンプロレスでデビュー。翌年、長州力とともに新日本プロレスに移籍。90年代後半にはエースとして活躍。その後、WJを経てフリーに。2008年には史上初の国内三大メジャーのヘビー級シングル王座制覇を達成した。

客様にお届けするのが当店のスタイルなので、試合前の忙しい時間帯に後楽園ホールの踊り場で10枚以上の同じマスクの着用写真を嫌な顔をせずに撮らせてくれた日を懐かしく思い出す。

２０１１年10月7日・後楽園ホールで開催した当店の10周年記念興行「仮面貴族フィエスタ２０１１」では、マスクド・ボルケーノとしてのオファーも考えたが、この試合のプロデューサーだったハヤブサと相談した結果、大ハヤブサの対戦相手に、超大物レスラー・佐々木健介として参戦していただくことになった。健さんは、大ハヤブサと大迫力のチョップ合戦を披露し、試合終盤には、不器用ながら場外へのプランチャを披露してくれたのだ。この大会のエンディングでハヤブサが10年ぶりにリングに上がる際に、ハヤブサに寄り添い献身的なサポートをしてくださったシーンは今も忘れない。

間近で見てきた健さんの優しさ

メキシコ遠征にも二度帯同させていただいた。一度目は、２００８年5月のドラゴマニア参戦だった。健さんはパワー・ウォリアーとして、アニマル・ウォリアーと〝ヘル・ウォリアーズ〟を結成し、テリブレ＆ダミアン６６６とのＵＷＡ世界タッグ王座決定戦に出場。アレナ・メヒコでダブル・インパクトを炸裂させ、見事王座を奪取した。試合後のバックステージでは、〝ヘル・ウォリアーズ〟との記念撮影を希望する選手、関係者が続出。僕も一緒に写真を撮りたかったが、メインイベントの撮影があるので諦めていた。だが、メイン終了後にバックステージに行くと、二人がペイントを落とさず待っててくださったと

「仮面貴族 FIESTA2011」後楽園ホール大会では、大ハヤブサとチョップ合戦を披露

いう優しすぎるお話。このメキシコ遠征では、三遊亭円楽師匠（僕にとっては楽太郎師匠）ともご一緒する機会に恵まれ、みんなでカンクンでイルカと泳いだり、バナナボートに乗ったりと、楽しいときを過ごさせていただいた。

このメキシコ遠征から帰国した数日後、健さんが大きな菓子折を持って「メキシコではお世話になりました」と突然僕の店に遊びにきてくれた。あれはビックリしたなあ（笑）。

二度目のメキシコは、2012年5月、「ハヤブサ計画」として、発起人のNOSAWA論外とダイヤモンド・リングの健さんと北斗さんに全面バックアップしていただき、サムライTVの協力を得て、ハヤブサ15年ぶりのメキシコ遠征を実現していただいた。

このメキシコ遠征後、NOSAWA論外はトラブルに巻き込まれ、活動を自粛することになる。

その論外が復帰するとき、胸を貸したのが健さんだった。ダイヤモンド・リングのホームタウンマッチでのシングル戦。論外は男泣きで、そこからプロレス活動を再開させた。

2005年7月15日・プロレスリング・ノア東京ドーム大会では、伝説のチョップ合戦を撮影した。小橋建太vs佐々木健介。ときにプロレスのリングでは、勝敗を超えたシーンに遭遇することがある。そんな凄い戦いを撮影できた思いだった。試合後、健さんの胸板は内出血で真っ赤だった（187ページ）。無事にリングを下りた健さんに北斗さんが安心した表情でそっと寄り添っていたのが印象的だった。この試合後、小橋健太と佐々木健介の二人の間に芽生えた特別な感情を、小橋選手の引退試合後の控室でも目撃した（本書の帯、表4の写真）。

佐々木健介らしい男の引き際

盟友・小橋建太を送り出したちょうど9か月後の2014年2月11日の後楽園ホール。中嶋勝彦デビュー10周年記念試合と銘打たれた佐々木健介vs中嶋勝彦のシングルマッチ。ダイヤモンド・リングにおける〝親子対決〟でプロレスラー・佐々木健介の終焉は突然やってきた。

ダイヤモンド・リングのオフィシャルカメラマンだった僕にとっても特別な試合だったため、バックステージに向かい、集中している健さんの姿をカメラに収めた。そのとき、健さんは一瞬だが僕に何か言いたそうな表情を浮かべた。「あれ、なんだろう？」という空気感があったのだ。しかし、僕は試合前の集

最後の出番直前。このときは、まさかこの日の試合が引退試合になるとは思っていなかった。

〝息子〟勝彦と〝オヤジ〟健介のキックとラリアート、運命のクロス・カウンター

まさかの引退試合から２日後、夫婦揃って笑顔の記者会見に臨んだ

中している時間の邪魔をしたくなかったので何の言葉も交わさなかった。

その後、僕はダイヤモンド・リングのマット上で二人が向かい合うシーンを撮影するため、バルコニーへと向かった。入場と同時にコーナーに駆け上がった健さんはしばらく目を閉じていた。試合は20分超えの激闘の末、勝彦がジャーマン・スープレックス・ホールドで3カウント奪い、悲願のオヤジ超えを果たした。直後のマイクで健さんは、「勝彦、強くなったな。俺は思い残すことはない、28年間、佐々木健介を応援してくれてありがとうございました！」と突然の引退宣言。リングに残された勝彦は呆然、この瞬間、僕が試合直前に感じた空気感の謎が解けたのだ。健さんはきっとオフィシャルカメラマンだった僕に、この試合への決意を伝えようか迷っていたのではないか。

その2日後、東京ドームホテルで正式な引退記者会見が夫婦揃って笑顔で行われた。またこのご夫婦に驚かされた出来事だった。誰よりも〝真っ直ぐな男〟佐々木健介らしい男の引き際だった。

引退後は、定期的に健さん&北斗さんが食事会を開催してくれるなど、いつまでも変わらぬお付き合いをさせていただいている。食事会の最後は必ず「またカンクンに行きたいね」の言葉で終わる。

そんな健さん&北斗さんが、2023年8月、ついにおじいちゃん&おばあちゃんになった。

おめでとうございます！

小橋建太

Kenta Kobashi

武道館を熱狂させた絶対王者

1987年、僕が『週刊ファイト』に就職した頃、全日本プロレスに三人の若者が入団した。小橋健太（建太）、菊地毅、北原辰巳（光輝）の三人だ。僕がプロレス業界に入って初めて仲良くなった同期だった。といっても菊地さんと北原さんは年上で、年齢も一緒だったのは小橋選手だけだった。ちなみに、プロレス業界に入ってオフの日に、初めて個人的に食事に誘ってくれたのは、菊地さんだった。

完全な同期同学年の小橋選手は、あっという間に注目の若手選手となり、デビュー1年で馬場さんのパートナーに抜擢されアジアタッグ王座にも挑戦した。道場で「小橋は練習し過ぎ」と先輩レスラーに言わしめた小橋選手にとっての当たり前の習慣だった練習の成果がすぐに出たわけである。

1990年代後半の〝四天王〟時代は、まさに小橋時代の幕開けだった。四天王プロレスに酔いしれた日本武道館の超満員の観客が起こす〝重低音ストンピング〟は、激しい闘いを魅せる四天王への感謝の表れだったのかもしれない。

【小橋建太】1967年生まれ、京都府出身。1987年に全日本プロレスでデビュー。若手時代から将来を嘱望され、90年代後半の〝四天王プロレス〟では中心選手として団体を牽引。2000年にプロレスリングNOAHに移籍した後は、団体の絶対王者に君臨した。

ノア時代には、約2年間にわたりGHCヘビー級チャンピオンの座に君臨し「絶対王者」と呼ばれた。2005年7月18日、ノア二度目の東京ドーム大会で小橋建太と佐々木健介の二人が魅せた伝説のチョップ合戦は、勝敗を超えたプロレス史に残る名シーンとなった。2006年には、大病を患ったが翌年の10月に奇跡のカムバック、2008年以降も三度、怪我の治療のための欠場から復帰を果たした。

ピープルズチャンピオンのラストファイト

常に全力ファイトの「絶対王者」の最後の試合が決まる。2013年5月11日、日本武道館。引退試合が発表された後、僕に当日のオフィシャルカメラマンの依頼があった。当日はオールエリアアクセス可能なパスを頂き、試合だけではなく会場入りから撮影し、試合前後の控室の中でも撮影させていただいた。試合前の控室には、挨拶やサイン&記念撮影にくる選手、関係者一人一人にいつも通りの笑顔で丁寧に接する小橋選手の姿があった。

引退試合当日の小橋選手の控室には、誰もお付きの人がおらず、時折、僕と二人だけになる時間もあった。試合が近づき、控室内で椅子を使っての腕立て伏せなどアップが始まる。試合直前には、GHCの〝永久〟チャンピオンベルトを腰に巻き、ガウンを着るお手伝いをし、現役最後のポーズ写真を撮影。現役最後のリングへ向かう小橋建太を撮影するため、僕は一足先に控室を出た。控室の前にはリングに向かう小橋選手をとらえるために日本テレビのカメラマンたちがその時を待っていた。

控室には GHC〝永久〟チャンピオンベルトが置かれていた

GHC のベルトを巻いた状態で、椅子を使って最後の腕立て伏せでアップ

現役生活最後のポーズ写真

午後7時54分、小橋建太が引退試合のリングへ向かった

引退試合でもムーンサルト・プレスを決め、「絶対王者」のままリングを去った

最後のコールに、リング上はオレンジの紙テープで埋め尽くされた

セミファイナルが終わると大・小橋コールが自然発生、引退試合のカードは、〝盟友〟武藤&健介&秋山と組み、〝元付き人〟金丸&KENTA&潮崎&谷口組との8人タッグマッチだった。最後は、武藤さんのムーンサルト・プレスのアシストから、最後のムーンサルト・プレスを金丸に決めて「絶対王者」のまま勝利を飾った。試合後のリング上には、〝永久〟王者の小橋建太と〝現〟王者のKENTA、二人のGHCヘビー級チャンピオンの姿があった。最後まで「絶対王者」のピープルズチャンピオンのまま、ファンの期待を裏切ることなく、笑顔でリングを降りたのだ。

引退試合を終えた小橋選手の控室には、試合前同様たくさんの選手、関係者が挨拶に訪れた。そこには微塵の疲れも見せず、笑顔で対応するいつも通りの小橋選手がいた。

控室に戻ってしばらくしても小橋選手の腰には、GHCの〝永久〟チャンピオンベルトが巻かれていた。この時に撮影した奥様の舞さんとのご夫婦での2ショットは素敵だった。大病、幾度の怪我を克服し、無事に引退試合を終えて、奥様の元に帰られた瞬間だった。

引退試合後、最後の控室への訪問者は、伝説のチョップ合戦を繰り広げた盟友の健介選手だった。健介選手は、小橋選手に分厚いご祝儀袋を渡し、笑顔で記念写真に収まった。実直な男同士の素晴らしい空間だった。

プロレス業界の同期として、僕が初めて出版させて頂いた書籍『レジェンド』（彩図社）では、対談の相手を務めて頂き、引退試合ではオフィシャルカメラマンに指名いただき、大切な瞬間に立ち合わせて頂いたことを心から〝感謝〟いたします。コバちゃん、ありがとう。

引退試合後、全ての対応を終え、最後は、奥様の舞さんと笑顔の2ショット

武藤敬司

Keiji Muto

惜しかった幻の超お宝プレゼント

二十歳でプロレス業界に入った僕にとって武藤さんは、一番身近なスーパースターだった。

1987年5月、僕が『週刊ファイト』に就職した直後に新日本プロレスのリングで「NOWリーダーvs NEWリーダー」の抗争が勃発。若干25歳の武藤さんは、〝ザ・ファイナル・カウントダウン〟を入場曲にし、宇宙飛行士型のヘルメットを手に入場し、完全なNEWリーダーだったが、なぜかNOWリーダー側に組み込まれて戦っていた。この1年後、『週刊ファイト』が道場で武藤さんに読者プレゼントをお願いした際、道場の玄関付近に置いてあったあの〝宇宙飛行士型のヘルメット〟を「これでいいか？」と言ってくださった。しかし、そこに居合わせた先輩レスラーが「ファイトにそれはもったいないよ」というと「そっか、じゃやめよう」となったのでした（笑）。今となっては、このヘルメットは、スペース・ローン・ウルフ時代の武藤さんにまつわる超お宝だ。

1990年5月、プロレス業界に激震が走る。

【武藤敬司】 1962年生まれ、山梨県出身。1984年に新日本プロレスでデビュー。高度な身体能力に裏打ちされた華やかなプロレスで一世を風靡。全日本プロレスやNOAHなど、プロレス界を股にかけて活躍した。2023年、グレート・ムタとしてWWE殿堂入りを果たした。

ＳＷＳ旗揚げにより、各団体のスター選手へ移籍交渉が水面下で盛んに行われていた。その渦中の一人だったのが武藤さんだった。

このタイミングで僕は、道場近くの多摩川付近で武藤さんのインタビューカットの撮影を行なった。このとき武藤さんは僕に「そっちは、俺がＳ（ＳＷＳ）の件、絡んでたの知ってたの？」と普通に話してくれたのだ。そして、今後新日マットに登場するであろうグレート・ムタについても、客観的な物言いで「ムタ、無茶苦茶カッコいいぞ！」と話してくれていたのだ。

グレート・ムタのメキシコ遠征にも同行

1997年には、そのムタのｎＷｏジャパン入りで大ブームが起こる。その人気は日本国内にとどまらず、ｎＷｏジャパンのプロモーションで武藤さんと蝶野さんの台湾遠征にも同行した。

2006年5月には、そのグレート・ムタのメキシコ遠征に同行する機会を得た。ドラゴマニアでアレナ・メヒコに初登場し、毒霧を初披露するとメキシコのファンを魅了した。

この試合前には、『週刊ゴング』の表紙用撮影で日本では絶対できない試合前のグレート・ムタとウルティモ・ドラゴン&アトランティスの3ショットを撮影させて頂いた。翌日には、急遽アレナ・コリセオ大会にも参戦し、毒霧殺法を連発。ＣＭＬＬのリングをムタワールドに染めてみせた。この日のバックステージでは、メキシコで爆発的な人気者だった〝神の子〟ミスティコとの2ショットも実現した。

アレナ・コリセオではウルティモ・ドラゴンに毒霧噴射。メキシコのファンを驚かせた。

アレナ・コリセオのバックステージでミスティコと〝神の子〟ポーズ

『週刊ゴング』の表紙も飾ったムタ＆ウルティモ＆アトランティスの３ショット

メキシコでの試合出場の日程を終えると、カンクンで束の間のオフもご一緒させていただき、我が家の行きつけの日本食屋で武藤さんご夫婦と楽しい酒席のときを過ごした。

このメキシコ遠征では、復刊する『別冊ゴング』の目玉企画で、日墨の世代を超えたスーパースターの武藤さんとマスカラスさんの対談が実現した。僕ら『週刊ゴング』にとって武藤さんは、節目節目で何かをお願いする存在だった。週刊ゴングが廃刊後、『Gリング』として復刊するときも、武藤さんに、ムタで顔に「GONG」とペイントできないかと考え、無理を承知で金沢さんに口説き落としていただき、思いの詰まった創刊号の表紙が誕生したのだ。

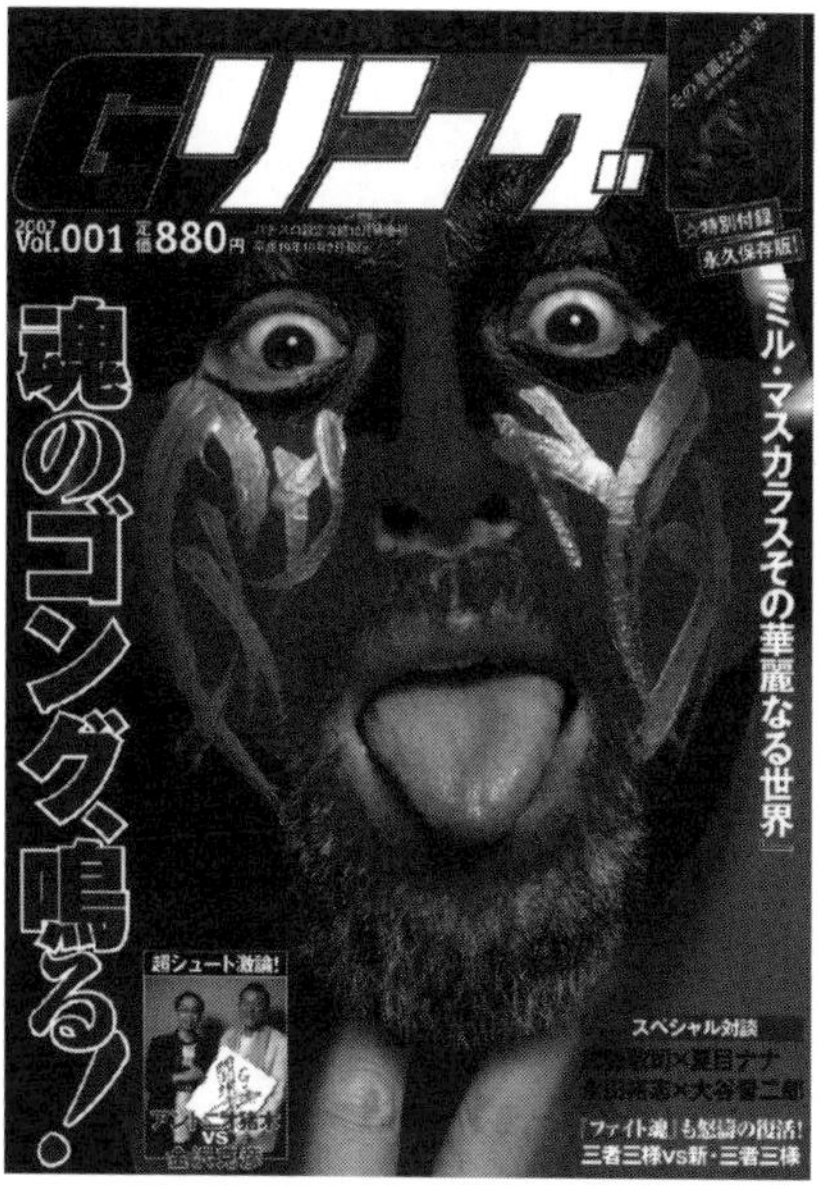

「GONG」とペイントしていただいた表紙写真

プロレスLOVEな引退試合

コロナ禍となる前の2019年までは、毎年「高円寺の会」という名の、団体の枠を超えたプロレスラー&関係者が武藤さんを囲む会が開催されていた。ここでは、武藤さんがワインがお好きということで、宴もたけなわとなると、主催者のご厚意で僕らでは絶対に手の届くはずのない高級な赤ワインが振る舞われ、僕も人生で初めてご相伴にあずかったのだ。これは年に一度しか味わえない楽しみだった。

武藤さんとのワインにまつわる思い出がもう一つ、１９９５年頃だったと思う。武藤さんが名古屋でイベントを行う前日、酒席を共にさせていただいたことがあった。いつの間にか馳さんも合流し、後半の飲み物はワインとなっていた。実質、この日が僕にとってのワインデビューの日だった。気がつけば僕は一人ぼっちで店にいた。武藤さんと馳さんの洗礼だったわけだ。翌日、イベント会場でお会いしたお二人は満面の笑みで僕を迎えてくれたのでした（笑）。現在は僕も、ワインを嗜める歳となりました。

２０１９年4月6日、僕にとってとても思い出深い、新日本プロレスのＭＳＧ大会の第０試合に、グレート・ムタがサプライズ登場し、アメリカのファンから大歓声で迎えられた。２０２３年には、ＷＷＥの〝ホール・オブ・フェーム〟で殿堂入りを果たした。

２０２３年2月21日、ついに〝時はきた〟。

武藤さんの引退試合が平日の東京ドームに三万人以上のプロレスファンを集めて開催された。僕は幸運にも少しお手伝いをさせていただき、その空間にいることができた。内藤選手に敗れ、引退試合を終えたはずの武藤さんはボーナストラックでデビュー戦の相手でもある蝶野さんと真の引退試合を行ない、笑顔のファイナルとなった。試合後のコメントも最後まで武藤さんらしく、どこか他人事のようなカラッとした言い回しで、我々報道陣をほっこりさせてくれた。

武藤さんが去った東京ドームのビジョンには、武藤さんの直筆で「プロレスＬＯＶＥ武藤敬司」そして、その横には、武藤敬司、三沢光晴、橋本真也、三人の写真が映し出されていた。

平日の開催にもかかわらず、３万人を超える観衆が東京ドームに集まった

開場前にリラックスした表情で客席をチェックする武藤さん

ついにこの時がきた。東京ドームで武藤敬司最後のリングコール。

武藤さんが退場すると直筆の文字と三人の写真が大型ビジョンに映し出されて〝完〟

武藤敬司　思い出の逸品

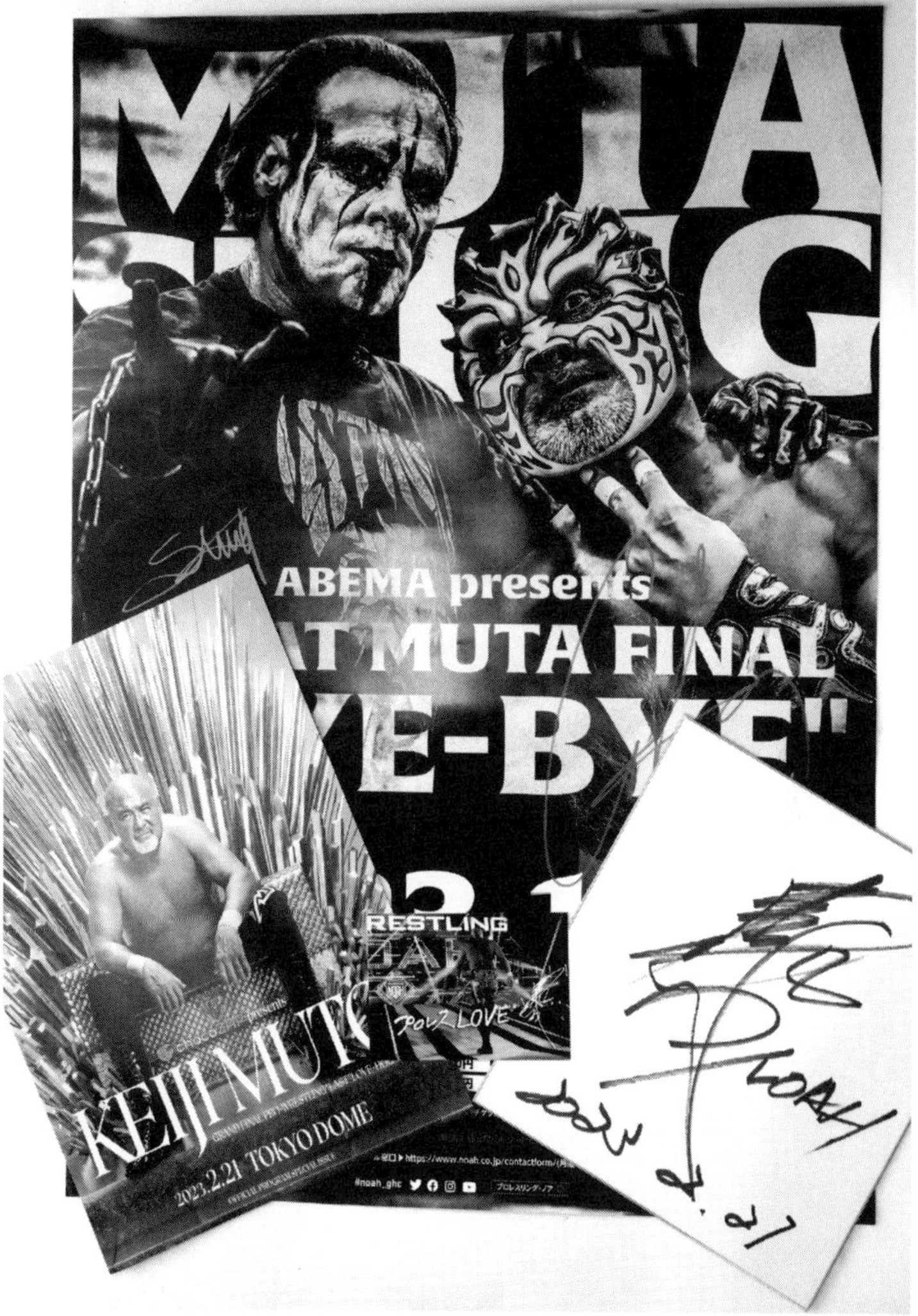

武藤さんの引退試合がらみの４品（ムタ引退試合ポスター、スティング＆ムタＷサイン入り引退試合パンフレット、引退試合お礼状ポストカード、引退試合日付入サイン色紙）

第五章

レジェンドたちの肖像

ジャイアント馬場＆アントニオ猪木

Giant Baba & Antonio Inoki

僕のプロレス業界における36年のキャリアを振り返ったときに、日本のプロレス史における二大巨頭だった馬場さんと猪木さんの現役時代のお姿を少しの期間ではあるがリングサイドで撮影できたことは幸運だったと思う。

まだ若手カメラマンだった時代だが、それぞれ今も忘れないお言葉をいただいた。

ジャイアント馬場

僕がプロレスファンだった頃から、馬場さんは、試合会場で必ず売店でサイン会をされていた。しかも、売店だけではなく後楽園ホールでは、試合後のエレベーター前でも長時間サインに応じる姿を何度も目撃したことがある。

僕は『週刊ゴング』時代に、竹内さんとのコンビで何度か、キャピタル東急ホテルでの馬場さんのイン

【ジャイアント馬場】1938年生まれ、新潟県出身。高校時代は硬式野球で活躍。プロ野球・読売ジャイアンツに投手として入団した後、1960年にプロレス転向。1972年には全日本プロレスを旗揚げするなど、プロレス界に偉大な足跡を残した。1999年没。

タビュー取材をさせていただいたことがある。インタビューは毎回、フロント近くの薄暗いラウンジで行われた。こういう状況では他のお客様に配慮が必要で、なかなかストロボを使っての撮影はできない。僕が困っていることを察した馬場さんは、ホテルの方に「ちょっとくらい、いいな（ストロボを使っても）」と言ってウインクし、了解を取って下さったのだ。

このとき、馬場さんがおっしゃった言葉で今もずっと耳に残っている言葉がある。

「ゴマを擦られて嫌な人はいない」

何とも深い言葉だ。

馬場さんに言わせると一見悪い言葉に感じる「ゴマをする」が、「感謝を伝える」という意味になるのだ。50代になった僕はやっと、馬場さんがあのときにおっしゃった「ゴマを擦られて嫌な人はいない」という言葉の意味を理解できる歳になった。ちなみに、馬場さんがこのラウンジでインタビューの際に毎回、注文されていたのが、抹茶アイスティーとチーズバーガーだった。このチーズバーガーのお値段が今から30年ぐらい前で3000円ぐらいだった。当時の僕には、これは衝撃的だった（笑）。

馬場さんのインタビューで一度だけ、キャピタル東急ホテルではなく、開場前の川崎市体育館の食堂で行われたことがあった。

その日は天候も良く、外からの柔らかい日差しが窓から食堂の中まで降り注ぎ、普段とは違う柔らかい雰囲気の馬場さんを撮影することができたのだ。このとき撮影した写真は、馬場さんが亡くなった後、しばらくの間、馬場さんがいつも売店で座ってサインを書いていたあの椅子に飾られていた。

ジャイアント馬場選手に…聞いてみたかったこんな話

32年前の米国初遠征の想い出
1週間で何と6万ドルを稼ぐ
あの名選手達との初対面秘話

馬場選手にインタビューしていると必ず自分がファンとしてプロレスを見ていた時代にタイムスリップさせてくれる。過去に何度か聞いた話でも、さらに突っ込んで聞くと必ず新しいエピソードが飛び出してくる。今回の久しぶりのインタビューでは、私がファンだった時代に聞いてみたかった32年前のアメリカ初遠征時代の想い出話をジックリと聞いてみた。〈聞き手／竹内宏介〉

53

川崎市体育館内の食堂で、外の光の効果で柔らかい表情の馬場さんを撮影できた

愛弟子・小橋健太と対峙する馬場さん、広角レンズの効果で大巨人に

猪木さんと馬場さんのサインが入っていた生写真に2023年、新間会長にサインを入れて頂いた

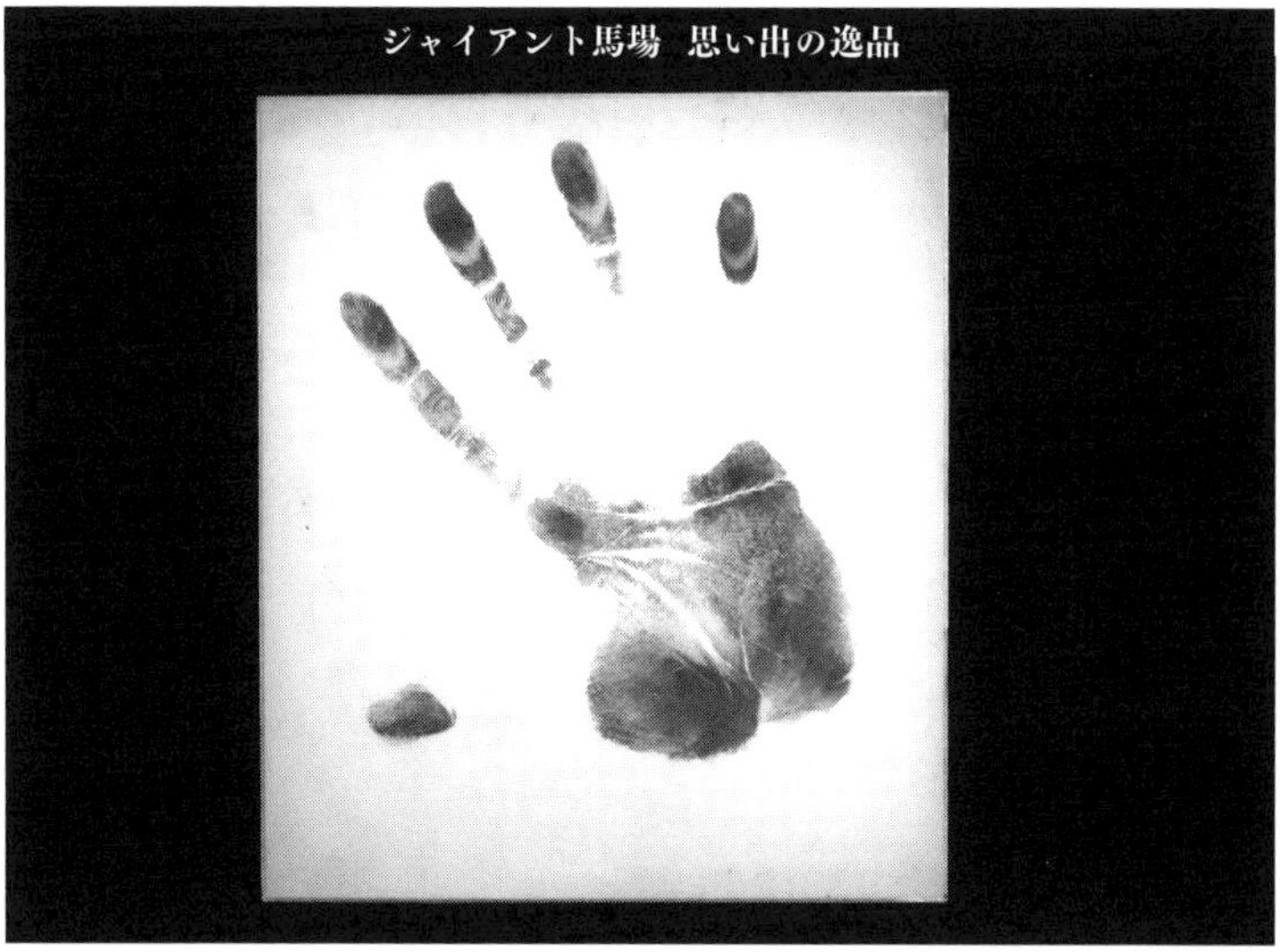

ジャイアント馬場さんの貴重な手形色紙

アントニオ猪木

１９８７年、『週刊ファイト』入社直後の二度目の出張は、新日本プロレス・上越リージョンプラザ大会だった。この日の大会は、カメラマン僕一人だけでの取材。大阪の『週刊ファイト』編集部からの指令は、当日の試合撮影以外に「アントニオ猪木のポーズ写真を撮影してこい！」という今なら有り得ない無理難題だった。

このレベルの撮影をする場合、『週刊ゴング』であれば、竹内さんクラスの方が事前に新日本プロレスと交渉をして実現できるかどうかの話である。それでも入社仕立てでプロレス業界の常識もわからない僕は、上司の言いつけ通りに開場前、リング上で練習をしていた猪木さんが控室へ戻るタイミングで恐れ多くも声をかけてしまったのだ。

「猪木さん、申し訳ありませんがポーズ写真を撮らせてください」

すると猪木さんは優しい言い回しで「ごめんな、今日はまだ身体ができていないから、また今度な」とおっしゃった。怒鳴られても仕方ない無礼な申し出に対しての神対応だった。

僕がプロレス業界に入ると、友達や親戚がサイン色紙を欲しがった。中でも一番頼まれたのが猪木さんのサインだった。当時は、試合前に選手控室に入れたのだが、どこの会場でも猪木さんの席の近くには、色紙が山積みにされていた。僕も一度だけ、地方大会を取材に行った際に直接サインをお願いしたことが

【アントニオ猪木】 1943年生まれ、神奈川県出身。13歳のときに一家でブラジルに移民。遠征中の力道山の目に留まり、1960年に日本プロレスに入団。1972年に新日本プロレスを興した。ストロングスタイルを標榜し、異種格闘技路線などを開拓。1976年にはボクシング世界ヘビー級チャンピオンのモハメド・アリと異種格闘技戦で対決し、世界中を驚かせた。政治家、実業家としても活動。2022年10月1日死去。

あった。僕がサインをお願いすると猪木さんが「あとで書いとくから、そこに置いといて」と言って下さった。僕が試合後に取りに行くとそこには3枚の色紙があった。「ありがとうございました」と言って僕が退席しようとすると「君から預かった色紙は5枚だろ？」と猪木さんがおっしゃったのだ。僕は当然「大丈夫です」とお伝えしたが、猪木さんは、付き人の大矢健一さん（現・大矢剛功）に「探して来い！」と大激怒されたのだ。

僕は、控室の外で大矢さんに感謝を伝えてその場を去った。このエピソードのおかげで、その後、大矢さんとは良くお話をさせていただくようになった。それにしてもあんなにたくさんの色紙を毎日のように頼まれる猪木さんが、僕のお願いした色紙の枚数を覚えて頂いていたのは、僕にとっては仰天エピソードだった。

現役晩年の猪木さんの試合でのシーンで僕の目が釘つけになったシーンがある。

1994年1月4日・東京ドーム、アントニオ猪木vs天龍源一郎。天龍さんのパワーボムに3カウントを聞いた猪木さんは、敗れたものの試合後に「1・2・3・ダー」で東京ドーム大会を締め括った。その直後、リングを降りて控室へ向かうときに、人目を憚らずに目を真っ赤にして男泣きしたのだ。

この試合で天龍さんは、誰も成し遂げられない「馬場さんと猪木さんから3カウントを奪った男」となったが、猪木さんのこの涙で、観客の視線は敗者であるはずの猪木さんに釘付けとなったのだった。敗れてなお主役。本物のスターを観た思いだった。

2011年2月5日、アントニオ猪木さんのIGFからの要請で僕は、福岡にいた。この日は、藤波さ

天龍さんに敗れ、人目も憚らず涙を流した猪木さんを長州さんが気遣う

2011年2月5日、IGF・福岡大会で〝仮面貴族〟&〝闘魂〟奇跡の2ショット実現！

んのデビュー40周年記念試合として、藤波辰爾vsミル・マスカラスの一騎打ちが組まれたのだ。僕はこのとき、ＩＧＦ側からの要請でマスカラスさんをアテンドするために福岡まで同行したのだった。そうなると僕のプロレスカメラマン心が騒ぐ。同じ会場内に猪木さんとマスカラスさんがいるのだ。これはどうしても歴史的2ショットを残したい。おそらく最初で最後のチャンスになる。僕は意を決してＩＧＦ側のスタッフにお願いしてみた。「確認します」という返事をもらい待っていると猪木さんがＯＫしてくれたというのだ。僕はマスカラスさんを猪木さんの控室までお連れした。

このときのファーストインプレッションは非常に大切で、猪木さんは、満面の笑みで小さく会釈され、二人は笑顔で抱き合ったのだ。

〝燃える闘魂〟アントニオ猪木と〝仮面貴族〟ミル・マスカラスの奇跡の2ショットの独占撮影に僕は成功したのである。僕がプロレスカメラマンとしてこだわり続けた「そこにいることができた」瞬間だった。週刊ゴングがあれば、間違いなく表紙になっただろう。

１９９９年、馬場さんを失ったプロレス業界はバランスを崩し始めた。

馬場さんと猪木さん、全日本プロレスと新日本プロレスが、しのぎを削り、並び立っていた時代、プロレス団体とマスコミとの関係は良好だった。

その昔、「プロレス写真記者クラブ」の記者証の裏には、馬場さんと猪木さんのサインが印刷されていた。これを提示すれば、海外のプロレス会場の駐車場にもすんなり入れたのである。

馬場さんと猪木さんのお名前は世界的に影響力があった。

アントニオ猪木 思い出の逸品

『週刊ゴング』廃刊後、『Gリング』として再出発の記念に〝Gの魂〟と書いて頂いた特大色紙、今も僕の事務所に飾らせて頂いている

長州力

Chosyu Riki

いつも真剣勝負だった長州さんの取材

僕が『週刊ファイト』時代、長州さんには怒鳴られた思い出しかない。『週刊ゴング』に移籍して、ＧＫ金沢さんの編集長時代は、僕と金沢さんのコンビで何度も長州さんのインタビューをさせていただいた。この頃、『週刊ゴング』と長州さんは蜜月の仲だとファンだけではなく、業界内でも言われていたが、実際にはそんな簡単な取材ではなかった。

一番思い出に残っているインタビュー取材は、２００２年9月のサイパン合宿だ。ＷＪの旗揚げ前に合宿を行なう長州さんを取材するため、僕たちは三泊四日の旅程でサイパンに入った。

このサインパン合宿には、石井智宏選手が練習パートナー兼運転手として参加していた。到着当日は、夕方四人で食事をして終了。2日目、長州さんは早朝5時からランニングに出かけたという。その後、「ちょっとお茶でもしよう」と声をかけていただいたが、「でも今日はやらないぞ（今日は取材は受けないぞ）」と釘を刺される。この滞在中、天候が悪かったので僕らは少し焦っていた。金沢さんの重圧は僕の

【長州力】1951年生まれ、山口県出身。ミュンヘンオリンピックにレスリング代表として出場。卒業後の74年、新日本プロレスに入団。82年に「噛ませ犬」発言で大ブレイク後、ストロングスタイルの体現者として活躍。2019年6月26日、後楽園ホールで引退した。

比ではなかったと思う。「今日はやらない」と言われたが、金沢さんは「一応、カメラは持ってきて」と言う。僕は言われた通りにカメラを持っていったが、長州さんの部屋に入るなり、「お前、今日はやらないって言っただろ！」とお叱りを受けたのだった。

ゆっくりお茶をいただき、和やかな時間だけが過ぎていった。しかし、サイパン到着後、まったく取材ができていない。焦った僕らは、明日、長州さんがジムに出発する前に電話で教えてほしいと、石井選手に頼んだ。石井選手は約束通りホテルの部屋の電話で僕らの部屋に電話をくれた。しかし……電話越しに「てめえ、誰に電話してんだ！」という怒声が聞こえてきた。携帯電話がない時代のお話だ。

石井選手の協力で何とかゴールドジムでの練習を取材できそうな状況になったが、ジムに到着するとお茶をした時間が嘘のように、長州さんはピリピリモードになっていた。長州さんにとって練習は撮らせるものではないのだ。ゴールドジムは薄暗くストロボなしでの撮影は厳しい状況だった。僕は後半の少ないチャンスにかけたかったので、すぐにはシャッターを切らなかった。しかし、金沢さんから「撮って」と指示が飛ぶ。僕は仕方なくストロボを使い、シャッターを一枚だけ切った。「撮るな！　コラ！」とサイパンにきて二度目のお叱りを受けてしまった。僕はノーストロボに切り替え、スローシャッターでまるで盗み撮りのように数カットだけジムでの練習風景を押さえた。

ゴールドジムでの練習が終わると、連日悪天候だったサイパンに一瞬だけ晴れ間が見えた。僕と金沢さんは、「何とか外で写真を撮らせてください！」とお願いしたが、「明日でいいだろ」と断られてしまう。せっかく、サイパンまできたのだから、青空をバックに長州力を撮りたい、いや撮らなくてはならな

“ダイナマイト”の演出は凄かったと思うだけど選ばれしレスラーなら超えられるよ

2002年9月のサイパン合宿の様子が掲載された『週刊ゴング』（2002年10月10日号）。このときのインタビューで、金沢さんはあの有名な「ど真ん中」発言を引き出すことに成功した。

い。そんな切羽詰まった状況だった。ホテルに向かって石井選手が車を走らせると「今日はこの道を真っ直ぐ行け」と言って、途中で突然車を停めさせた。そして「俺はここから走って戻るから、お前たちは適当にやってくれ」と言ってくれたのだ。これは撮影ＯＫの合図。僕は最高潮の緊張感の中でたった数分間だけ夢中でシャッターを切った。あれから20年以上の歳月が経っているが、今でもあのサイパン合宿のことは鮮明に覚えている。この頃、僕らの取材は毎回真剣勝負。記者もカメラマンも本気で取材対象と向かい合っていた時代だ。

カメラ目線で撮った奇跡の3ショット

『週刊ゴング』の撮影において、表紙になる可能性があればほとんどの選手の場合、カメラ目線の写真を撮っていた。だが、長州さんのインタビュー取材では、僕は一度も長州さんに絵作りでカメラ目線の写真をお願いしたことがない。これは、僕なりの長州さんとの取材における〝聖域〟だったと思っている。僕が得意とする試合前の撮影も長州さんだけはご法度だった……が、たった一度だけ試合前の長州さんに目線をいただいて撮影する日がやってきた。

２０１７年10月29日、藤波さんのドラディション大阪大会で、藤波辰爾&ミル・マスカラス&長州力組が実現。これは撮りたい、しかし……それでも出番を控えた場所に行ってみる。

いつも通り、長州さんは人を寄せ付けないオーラを発していた。それでも藤波さんが笑顔で「撮る?」

藤波さんのお気遣いで実現した〝飛龍〟&〝仮面貴族〟&〝革命戦士〟の夢の3ショット

と聞いてくださったのだ。藤波さんが長州さんに声をかけると、長州さんは「オレはいいですよ」と断った。さらに藤波さんが「いいから」と誘うと、長州さんがマスカラスさんの横に立ったのだ。こうして藤波さんのアシストを得て、僕にとって最初で最後のカメラ目線の〝奇跡〟の3ショットが実現したのである。

僕にとって忘れられない長州さんからの一言がある。

1996年7月26日の金沢。驰さんの地元金沢でのカムバック戦の試合後、長州さんから「ゴング集合」の連絡をいただき、金沢・香林坊の路地を入ったところにある居酒屋「長次郎」でご馳走になった。「お前たちはゆっくりして行け」と言い、長州さんが会計を済ませて先に帰ろうとしたため、僕は入り口までお送りしようとついて行くと、一旦のれんを潜って店を出た長州さんが戻ってきて、僕に向かい「いいか、お前のことはマークしてるからな」と言い残して帰っていかれたのだ。この独特な表現、僕は非常に嬉しく感じたのだ。

2007年に『週刊ゴング』が廃刊となると、長州さんの取材をすることもなくなっていたが、ある団体の後楽園ホール大会の控室の近くでバッタリお会いした。距離にして5メートル、僕が「お疲れさまです！」と言うと「おう、生きてたか！　お前、のたれ死んだんじゃないかと思って心配してたぞ！　たまに飲み会やってるから今度参加しなさい！」と笑顔で声をかけていただいた。

僕にとって長州力という選手は、一番厳しくて、一番優しい存在だった。

藤波辰爾

Tatsumi Fujinami

メキシコで実現した夢の対談

僕がプロレス業界に入ってちょうど1年が経とうとした頃、藤波さんの〝飛龍革命〟が沖縄で起こる。僕はその4か月後にプロレスカメラマンとして、今思いだすとゾッとするような体験をした。1988年8月8日、横浜文化体育館でのアントニオ猪木vs藤波辰巳〝伝説〟の60分時間切れ引き分けのときである。

当時、『週刊ファイト』は、どんなビッグマッチでもカメラマンは一人体制。しかも、表紙になる可能性がある試合の場合は、誌面用のモノクロ撮影と、表紙候補用のカラー撮影を一人で同時に2台のカメラを使い分けて、こなさなくてはならなかったのだ。しかも、プロレスカメラマンとして、まだキャリア1年の僕には、時間切れ引き分けの試合は初体験、もしフィルムが足りなくなっていたらと、今考えるとちょっと怖くなる体験だった。

2008年5月、藤波さんとご縁をいただくことになる。その場所は、やはりメキシコだった。〝タツミ・リング・フヒナミ〟として、藤波さんにとって22年ぶりのメキシコ遠征だった。２００８年5月11日のドラゴマニア、藤波さんはメキシコ修行時代に着用していた真っ赤なショートタイツ姿でアレナ・メヒコに初登場し、ウルティモ・ドラゴン＆ミスティコとトリオを結成した。実は、その当日の午前中、僕が企画した夢の対談が実現していたのだ。

その頃、『週刊ゴング』の後継誌の一つだった僕たちの『Gリング』は、力尽きようとしていた。最後ぐらい好きなことをやろうと思い、僕は最終号をメキシコ特集にすることに決めた。その目玉企画が〝仮面貴族〟ミル・マスカラスと〝飛龍〟藤波辰爾の夢の対談だった。

対談から広がったレジェンドの縁

マスカラスさんと藤波家のフィーリングは出会った瞬間から最高だった。この運命的な出会いの翌年２００９年3月29日には、日本での初対決が実現した。僕が初めて手がけた興行の「仮面貴族フィエスタ２００９」のリングだった。この興行で僕は、マスカラス＆タイガーマスク組の対戦相手を藤波さんにお願いしたのだ。若い頃の僕はハンセン、ブロディ、ウォリアーズ、そして長州さんのような攻撃的な選手ばかりに目がいくファンだった。しかし、この頃には、レイス、フレアー、そして藤波さんのテクニックの凄さがわかるようになっていたのだ（２０１５年、藤波さんは、ＷＷＥ〝ホール・オブ・フェーム〟で殿堂入り、世界もその実力を認めた瞬間である）。この試合で僕の狙い通りに藤波さんはマスカラスさん

【藤波辰爾】1953年生まれ、大分県出身。1971年に日本プロレスでデビュー。日本マットのみならずメキシコ、アメリカでも活躍。2015年には日本人２人目のWWE殿堂入りを果たした。（写真は唯一手元に残っていた1988年8月８日の対アントニオ猪木フルタイムドロー戦の写真）

2008年5月のドラゴマニアではリング・フヒナミ時代の赤パンツでアレナ・メヒコ初登場

〝ルチャの殿堂〟アレナ・メヒコの花道を入場する藤波さん。背後には〝飛龍〟の文字が。

WWEの殿堂入りを記念したリング。猪木さんに次ぐ、日本人２人目の快挙だった。

「仮面貴族FIESTA2009」、試合後の控室はこの笑顔。大会成功を実感できるシーンだ。

の技を次々に受けてみせて下さった。

「仮面貴族フィエスタ２００９」は、キャパ３００人の小さな会場に、昭和のレジェンドたちへのリスペクトを持ったファンだけが集う〝大人のための夢の空間〟がコンセプトだった。昭和のスーパースターである藤波さんに新木場１ｓｔＲＩＮＧという小さな会場での興行に出場を快諾していただいたことは、今も心から感謝している。

この試合をきっかけに、藤波さんとマスカラスさんのご縁は繋がり続けた。

２０１０年５月には、再びドラゴマニアに参戦し、アレナ・メヒコのリングでマスカラスさんとのタッグが実現、２０１１年２月５日には、ＩＧＦの福岡国際センター大会で藤波さんのデビュー40周年記念試合としてマスカラスさんとの初のシングルマッチが実現、同年８月27日には両国国技館で開催された「東日本大震災復興イベント」で

藤波辰爾　思い出の逸品

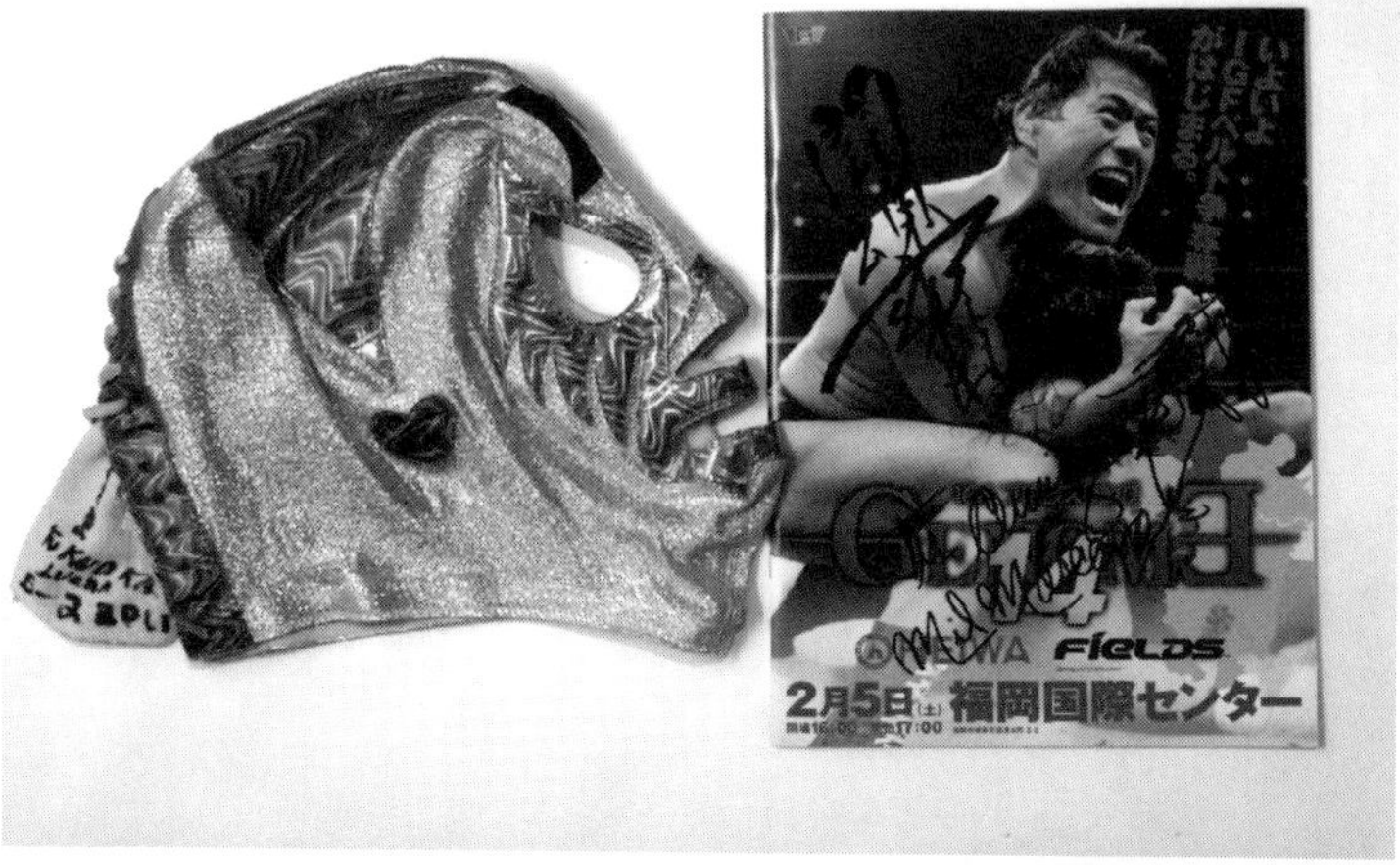

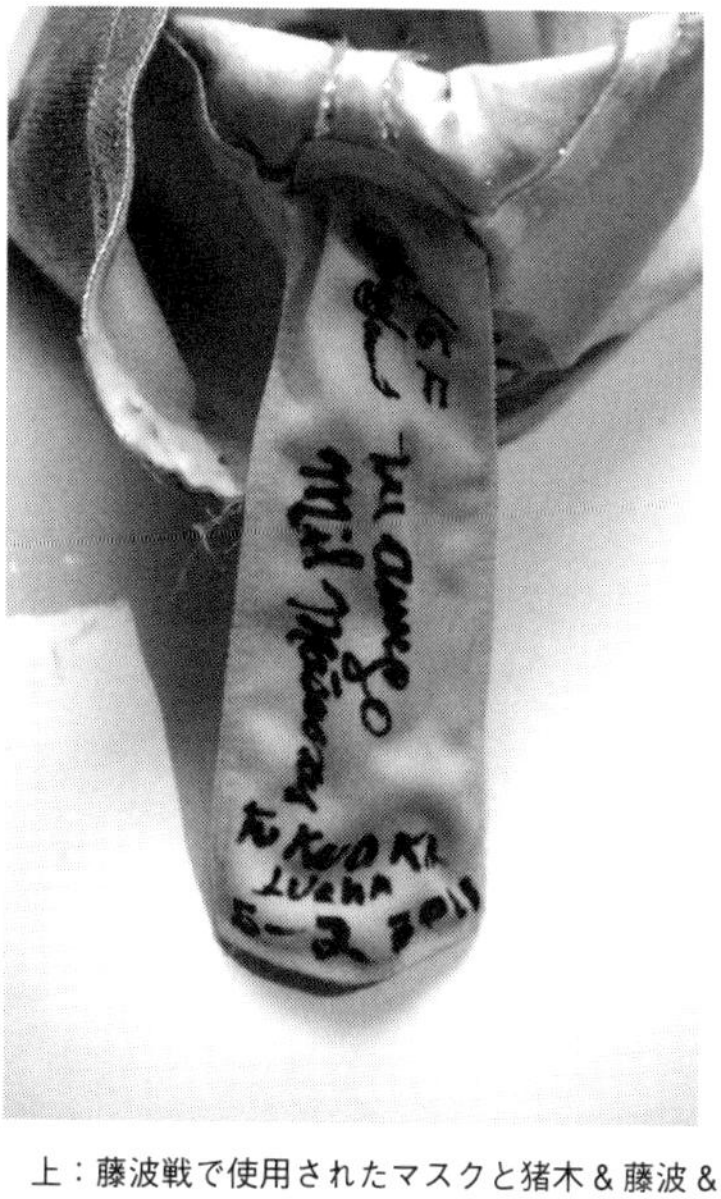

上：藤波戦で使用されたマスクと猪木＆藤波＆マスカラス寄せ書きサイン入パンフ。
下：マスカラスは、サインにIGF FUJINAMI 2011年2月5日、福岡〝ルチャ〟と記載している。後日、藤波さんにもサインをいただいてWサイン入の超お宝マスクとなった。

再び対戦した。

２０１７年10月には、藤波さんが主催するドラディションの後楽園&大阪の2大会にもマスカラスさんが出場。試合後には、藤波さん行きつけの大阪のイタリアンレストランでの食事会にマスカラスさんが参加されたのだ。これは、僕が見てきたマスカラスさんにとっては、本当に異例の出来事で、マスカラスさんがいかに藤波さんを信頼されているかがわかる特別な夜だった。このときのマスカラスさんのドラディション参戦の際に、僕が少しお手伝いをさせていただいたお礼にと、後日、僕ら夫婦を六本木にあるブラジル料理・シュラスコの名店の個室に招待して頂いた。

そんなありがたいご縁を頂いたことで、本書の前編となる『レジェンド』（彩図社）では、藤波さんと対談も実現させて頂いたのだ。

２００８年から再び繋がった藤波さんとマスカラスさんのご縁と信頼関係により、お二人の特別な関係が続いていることは、僕にとっても感慨深いことだ。

数年前、銀座のイタリアンレストランで藤波さんと食事をご一緒させて頂く機会があった。このときの別れ際に藤波さんが「コロナが治まったら、もう一回、マスカラス呼ぼうね」と笑顔で言って下さった。

これはぜひ実現したい！

初代タイガーマスク

Tiger Mask

度肝を抜かれた〝竹脇〟

初めて初代タイガーマスク・佐山聡さんに魅せられたのは、僕が高校球児だった1984年7月23日に後楽園ホールで開催されたUWF無限大記念日だった。

佐山さんは、約一年ぶりに、ザ・タイガーとして復帰し、メインイベントのタッグマッチ（前田日明&藤原喜明vsザ・タイガー&高田伸彦）に出場した。まさに青天の霹靂、そのキレッキレの格闘スタイルに、僕は一発で魅了されてしまい、その場で衝動的に翌日のチケットを購入して帰宅の途についた。高校球児だった僕が、二日連続で練習後に後楽園ホールまで足を運ぶことはなかなかヘビーな出来事だったが、それほど衝撃的な二夜連続の無限大記念日だった。二日目は、ザ・タイガーvsマッハ隼人のシングルマッチでザ・タイガーが放った美しすぎるローリング・ソバットを後楽園ホールの北側の席から、カメラ小僧としては、なかなかいい写真が撮れた思い出がある（口絵10ページ、下段写真）。

僕が佐山さんの本当の凄さを目の当たりにするのは、プロレス復帰された1995年以降だった。特に

1996年10月10日、みちのくプロレスが両国国技館に初進出したビッグマッチ〝竹脇〟での初代タイガーマスク&ミル・マスカラス&ザ・グレート・サスケvsダイナマイト・キッド&小林邦昭&ドス・カラスの一戦での佐山さんの動きに度肝を抜かれたのだ。

この試合は今映像で観ても、もの凄い。「もしかしたら現役当時よりも凄いのでは？」と思わせるほど、そのメリハリの利いた動きは僕の想像を超えていたのだ。まさに〝天才〟佐山さんが唯一無二のプロレスラーだったことを証明する映像だ。ぜひ、令和の今、この映像をチェックして頂きたい。

22年ぶりに思い出の地メキシコへ

2005年5月、僕は佐山さんの約22年ぶりのメキシコ遠征に帯同させて頂くことができた。佐山さんにとって、そう、あの1983年6月、エル・トレオでのWWF認定ジュニアヘビー級王座決定戦のタイガーマスクvsフィッシュマン以来のメキシコ遠征だった。CMLLのアレナ・コリセオ大会にも出場し、その後、この渡墨最大の目的のウルティモ・ドラゴン主催闘龍門メキシコのアレナ・メヒコ初進出（翌年からドラゴマニアとなる）の特別ゲストとして出場し、ダイビング・ヘッドバット、タイガー・スープレックス・ホールなどのタイガー殺法を披露した。試合後のアレナ・メヒコのバックステージには、伝説の初代タイガーマスクと写真を撮りたい選手、関係者が行列を作っていた。

この滞在中には試合以外にも、アレナ・メヒコ内にあるCMLLの事務所を表敬訪問、当時のCMLL

【初代タイガーマスク（佐山聡）】 1957年生まれ、山口県出身。1976年、新日本プロレスでデビュー。81年にタイガーマスクに変身し、空前のブームを起した。その活動はプロレスのみならず、総合格闘技にも大きな影響を与えた（写真はみちのくプロレスの〝竹脇〟）。

社長、故パコ・アロンソさんとの会食、そして、佐山さんの提案で世界遺産のテオティワカンを訪問。このとき、佐山さんは、スーツ上下に革靴姿だったが、あの心臓破りの太陽のピラミッドを僕らよりも速いスピードでポンポン登って行かれる姿が印象的で、やはり鍛え抜かれた方は基礎体力が違うんだなあと感心したのだ。その後は、ハム・リー・ジムで〝メキシコの帝王〟エル・カネックとの再会も実現し、最後は、メキシコ修行時代の定宿「サン・マルコ」を訪ねた。メキシコ滞在中は終始リラックスした様子で、若かりし日のメキシコ修行時代の思い出の地を周り、懐かしいアミーゴたちとの再会を楽しんでいらっしゃった。今、そのときの写真を見ても、リラックスした良い表情をされている。ちなみに、このときの闘龍門メキシコの合宿所への表敬訪問の際には、若き日の〝レインメーカー〟岡田かずちか選手とも集合写真に収まっている（76ページ）。

このメキシコ遠征以来、佐山さんは飛行機でどこかに行かれたことはないそうだ。それを考えると、いかに貴重な体験だったのか身にしみてくる。飛行機嫌いで有名な佐山さんを22年ぶりのメキシコへ誘ったウルティモ校長の手腕に感服である。

２００９年から僕が手がけた興行の「フィエスタ」シリーズは、マスカラスさんと佐山さんあっての大会だった。同年3月29日、新木場1ｓｔＲＩＮＧで開催した「仮面貴族フィエスタ２００９」では、僕の子どもの頃からの二大アイドル・マスクマンのミル・マスカラス＆初代タイガーマスク組が実現。最終興行となった２０１１年10月7日、後楽園ホールで開催した「仮面貴族フィエスタ２０１１」では、マスカラス・ブラザースとのトリオで、直弟子4代目タイガーマスクとの緊張感ある対戦も実現した。僕はプロ

1980年4月13日のエル・トレオで行なわれた大会のポスターにご自身の名前を発見

テオティワカンの太陽のピラミッド。この急な階段を飛び跳ねるようにして登った。

2016年12月、永遠のライバルであるブラック・タイガー（マーク・ロコ）と再会

リアルジャパンプロレス（2010年3月18日後楽園）では天龍さんからギブアップを奪った

レスのシーンにおいて、この試合中の選手同士が向かい合ったときの緊張感あるシーンが大好きなのだ。

２００５年の旗揚げから佐山さんと平井社長とのご縁でリアルジャパンプロレス（現ストロングスタイルプロレス）のオフィシャルカメラマンとしてお手伝いする機会を頂いている。このリングにおける僕が選ぶベストバウトは、２０１０年3月18日、後楽園ホールで行われた初代タイガーマスクvs天龍源一郎の一騎打ち。昭和の大物同士のシングルマッチだったが、佐山さんのチキンウイング・フェイスロックがリング中央でガッチリ決まり、なんと天龍さんがタップアウトしての完全決着だった。両選手の懐の深さが際立った名勝負だった。

僕が小学生の頃からの昭和を代表するスーパースターの佐山さんと、緊張感ある距離感でお仕事させて頂けている奇跡と、いつも優しい笑顔での神対応に心から感謝している。

初代タイガーマスク　思い出の逸品

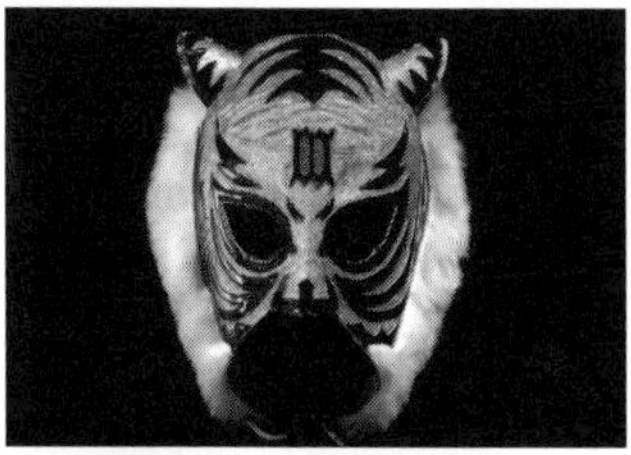

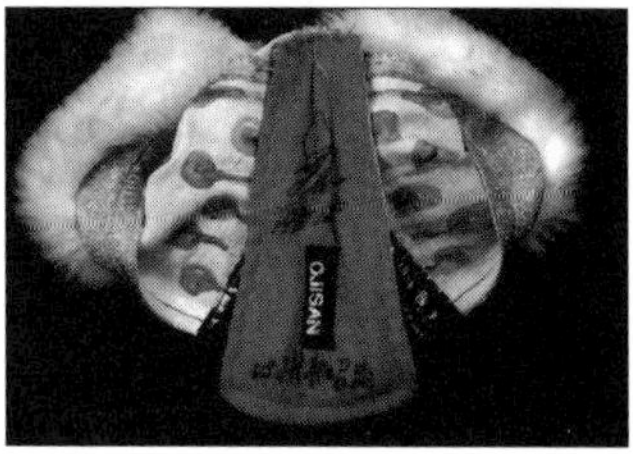

上段２枚：1995年12月30日、大阪城ホールで開催された「突然卍固め－INOKI FESTIVAL-」で実現した〝永遠のライバル対決〟タイガーマスクvs小林邦昭で実際に使用された「OJISAN製」マスク。ボンド留めの痕も時代を感じさせてくれる作りのマスクである。
下段：当店の15周年企画として実現した「マスカラス＆初代タイガーマスク」夢のＷサイン会後、15周年のお祝いにと、佐山さんと中村さんからプレゼントしていただいた「キバ付」モデルのマスク。

前田日明

Akira Maeda

大切なことを教えてくれた一言

僕がプロレス業界に入る直前の１９８６年10月9日、両国国技館で前田日明vsドン・中矢・ニールセンの異種格闘技戦が行なわれた。この試合が名勝負となったことで、前田さんは「新・格闘王」と呼ばれるようになる。

１９８７年、僕は『週刊ファイト』に入社した。入社したての新人カメラマンに課された仕事の中で僕が最も苦手だったのが、道場での取材だった。この当時の道場取材は、今では有り得ないアポなし取材だった。しかもカメラマン一人で行き、写真を撮影してこいと言うのだ。常に人手不足だったファイトならではの取材方法だった。初めて前田さんにお会いしたのは、当時世田谷にあったＵＷＦ道場へ、僕が苦手とするアポなし取材で伺ったときだった。道場に勝手に入って行くと、そこは神聖な雰囲気で、声を出したり、話しかけることができず、僕は、挨拶するタイミングを逸してしまった。

しばらく練習風景を撮影していると、前田さんが僕の前まできて一言だけ「ここは格闘技道場だから」

【前田日明】1959年生まれ、大阪府出身。1978年に新日本プロレスでデビュー。将来のエースとして期待されたが、84年2月に新日本プロレスを退団し、UWFを旗揚げ。〝格闘王〟として格闘技路線を突き進んだ。1999年に引退後は、格闘技イベントのプロデューサーとして活動。

とおっしゃったのだ。道場では、礼にはじまり、礼に終わる。そういうメッセージだった。当たり前のことだが、社会人一年生の僕は、そんなことすらできない若造だった。

それから数年後、前田さんがリングスを旗揚げしたことで、海外へ同行させていただくチャンスが二度あった。このときは出発の成田空港で前田さんを見つけるとすぐ「今回、同行取材させていただきます。よろしくお願い致します」とご挨拶に行った。すると「こちらこそよろしく」と優しいお言葉をいただいた。

ロシア・エカテリンブルグ大会に同行した際は、試合だけでなく、赤の広場や美術館にも行き、最終日には、前田さんオススメの蚤の市にも案内していただき、骨董好きでも有名な前田さんが購入された貴重なアンティークの品物を解説付きで見せていただいたりもした。

オランダ・アムステルダム遠征の際は、夜には、クリス・ドールマンの案内でナイトツアーに、昼間は、アンネ・フランクの隠れ家見学などにも案内していただいた。アムステルダム大会が終了すると、パリへ移動し二日間の観光旅行となった。リングスの海外遠征は、前田さんが歴史好きということもあり、常にその国の歴史を満喫できるコースが組まれていた。ちなみに、リングス広島大会翌日には、出場した外国人選手を連れて宮島観光へ行ったこともあった。前田さんのおかげで、若いうちに自分では行けないコアな海外旅行を経験できた。

前田さんの引退試合の相手は、ロシア〝霊長類最強の男〟と呼ばれたアレキサンダー・カレリンだった。かつてアントニオ猪木さんがモハメド・アリと戦ったことと重なる。どちらも誰も考えつかないスケールの大きい歴史的対戦だった。やはり前田さんも〝猪木イズム〟継承者だった。

聖ワシリイ大聖堂をバックに笑顔の前田さん

1986年10月9日の「猪木闘魂LIVE」、ドン・中矢・ニールセンと激闘を繰り広げた

ロシアの空港で読書中の前田さん。猪木さん同様の読書家だ。

昭和63年、UWF 時代の前田さんのサイン

獣神サンダー・ライガー

Jushin Thunder Liger

はじめてのお使い〝メキシコ編〟

1987年、僕が『週刊ファイト』に入社した頃、新日本プロレスの道場、試合前のリング上で、ただただ強さを追求するヤングライオン達の姿を目の当たりにした。

それから2年後の1989年、〝獣神・ライガー〟が東京ドームでデビュー。その直後、新日本プロレスの青森大会の翌日に、僕は一人でライガーさんの宿泊先を訪ね、二人で青森観光物産館アスパムへ行き、インタビューカットの撮影をさせていただいた。撮影後、『週刊ファイト』のお財布事情に気をつかっていただき、ホテルの近所のラーメン屋さんで一緒に食事をさせて頂いたのを覚えている。

その数年後のユニバ後楽園大会で、僕は一大決心でライガーさんにあるお願いをさせていただいたことがある。ライガーさんのマスクは、マスクコレクターとしてはどうしても欲しいマスクだが、本物は市場には出ないため、本人にお願いするしかなかったのだ。僕の突然のお願いに「えっ！　欲しいの？　あげるあげるよ。でも時間かかるけど、必ずあげるから待っててね」と言っていただいた。このときの僕の思いは、それから約15年後に実を結んだ。

1991年9月、僕の初めてのメキシコ滞在中、幸運にもライガーさんも遠征にこられていたため、週刊ゴングとしては、ライガーさんの取材がメインとなった。しかし、同行した上司から「俺は他の会場の取材に行くから、大川ひとりでライガーの取材に行ってきてくれ。カメラをぶら下げて、会場の入口でアミーゴ・デ・ライガー（ライガーの友達です）と言えば入れるから」と言われた。カタコトのスペイン語でひとりでタクシーに乗り、会場であるアレナ・ピスタ・レボルシオンへと何とかたどり着いた。会場の入口で「アミーゴ・デ・ライガー」というと、本当に中に入れてくれ、リングサイドで撮影することができた。ライガーさんの神通力恐るべしな出来事だった。

試合後には食事に誘っていただき、メキシコ修行中だったエル・サムライ&クーリーSZ（現・邪道）とともに、メキシコの代表的なファミレス〝VIPS〟でご馳走になった。これが僕にとっての〝はじめてのおつかい〟メキシコ編の1回目だった。

それから8年後の1999年11月、ライガーさんのIWGPジュニアヘビー級チャンピオンとしてのメキシコCMLL遠征が決まる。このとき、『週刊ゴング』編集部から「大川ひとりでメキシコへ行ってきてくれ」と初めて単独での海外出張の依頼があったのだ。社員としてはありがたい話だったが、僕はいつも誰かのお世話になってメキシコへ行っていた。2023年時点でおそらく50回以上はメキシコへ行っているが、ひとりぼっちで行ったのは後にも先にもこのときだけである。空港からタクシーに乗る、ホテルにチェックインする、食事をする、アレナ・メヒコに取材申請に行く、会場へ行く、これらの当たり前にしなくてはならない行動は、いつもいろんな方々に助けてもらっていたことに気づかせてくれた人生二度

【獣神サンダー・ライガー】1964年生まれ、広島県出身。1989年4月24日、アニメとのタイアップ企画で、新日本プロレスの東京ドーム大会でデビュー。以後、ジュニアヘビー級のカリスマとして活躍。2020年1月5日に東京ドームで引退。同年3月にWWE殿堂入りを果たした。

目の〝はじめてのおつかい〟メキシコ編だった。

このときは、完全なライガーさん密着取材だったため、会場への往復は、ライガーさんを迎えにくる選手の車に便乗させてもらい、CMLLオフィスへも同行、故パコ・アロンソ社長との会食にも同席させて頂いた。アレナ・メヒコ内のジムでは、〝グルーポ・シベルネティコ〟の練習に飛び入り参加、そこには、主催者のネグロ・カサスや素顔のウルティモ・ゲレーロ、アベルノなども参加し、ライガーさんから新日本スタイルを学んだ。

別日には、ナウカルパンにあるウルティモ・ドラゴン・ジムを訪ね、全身フルコスチューム姿で、僕の大好きな撮影スポットであるナウカルパンの教会付近でIWGPジュニア王座のベルト姿を撮影させて頂いた（口絵16ページ）。これも大好きな写真だ。

その後のメキシコCMLL遠征でも何度か取材させて頂いたし、宿泊先の部屋にも招いて頂いた。そこには、ご家族への愛情溢れるものが飾られていた。

世界の獣神が見せた〝男気〟

メキシコ遠征同行後からは、時折、新日本プロレスの会場で試合前にポーズ写真を撮影させて頂いた。日本人レスラーの出番前を撮影するのは、メキシコ人選手を撮影するようにはいかない独特な雰囲気が存在する。これは、選手と僕の中にある空気感で判断するしかないのだ。特に、新日本プロレス毎年恒例

故パコ・アロンソ社長（左から2番目）をはじめとするCMLLの重鎮たちと

アレナ・メヒコ内のジムで急遽、日本式のプロレス教室を開催。大物マスクマンの姿も。

となったファンタスティカマニアの出番前には、特別な組み合わせが実現するし、ルチャドールからライガーさんとの写真を頼まれることも多々あったので、無理を承知でライガーさんを中心とした3ショットの撮影を何度もお願いした。このとき、ライガーさんのマスクには両サイドに角があるのでバランスを考え、僕は必ずライガーさんに前で膝をついて座っていただき、他の2選手に後ろに立ってもらう構図にこだわった。いつも快く応じていただいていたので毎年のようにお願いしていたが、ある日、他のカメラマンが僕に便乗して撮影しようとしたときの空気感は今も忘れることはない。特別なことをしていただけていたのだと実感した瞬間だった。

選手としての功績はもちろんだが、1994年4月16日、両国国技館で開催された「スーパーJカップ」の大成功以降は、プロデューサーとしてのライガーさんの尽力で他団体の大勢の選手が人生を切り開くチャンスを掴んだ。4代目タイガーマスクの新日移籍も、飯伏幸太選手の新日登場もライガーさん経由だった。岡田かずちか（現・オカダ・カズチカ）選手の新日入りもライガーさんがいたからこそ実現したのだ。

全身コスチュームに大きな角が付いたマスク、そして鍛え抜かれた強靭な分厚い肉体は、世界中のジュニア選手達に影響を与えた。マスク文化としても、それまでは、タイガーマスク以外でマスクに突起物が付いたマスクマンはほとんど存在しなかったが、〝ニセ・ライガー〟といわれたシコシスの出現を皮切りに、マスクマン王国メキシコでは、全身コスチュームの突起物の付いたマスクマンが続々登場したのだ。

シューティングスター・プレス、雪崩式フランケン・シュタイナー、雪崩式フィッシャーマン・バスター、

ライガーさんに前方で片膝をついてもらっての3ショット撮影

ライガーボムなど、ライガーさんのオリジナル技の数々も世界中のプロレスラーに影響を与えてきた。その功績は、2020年にWWEのホール・オブ・フェームで表彰され、〝世界の獣神〟であることを改めて証明した。

何よりライガーさんの凄さは、マスクマンでありながら、〝怒りの獣神〟の名の通り、表情がマスク越しに伝わることだ。喜怒哀楽をマスク越しに表現できる唯一無二の存在だった。

個人的な話になるが、僕は2011年のミスティコのWWE入団後の9月、メキシコ滞在中にCMLL側から突然謎の「取材拒否」を受けた。今でもその理由はわからない。それから12年の月日が経った2023年、ファンタスティカマニア参戦のため来日していたゲレーロ〝親分〟から、こんな話を聞いた。当時、僕を擁護してくれたゲレーロと僕の足を引っ張ったと思われる関係者が控室で言い合いの喧嘩をしたことがあったという。そこに居合わせたのがライガーさんだった。ライガーさんは喧嘩を仲裁すると、僕とCMLLとの関係を修復しようと動いてくれていたというのだ。

2023年5月、僕の携帯が鳴った。電話の相手は、ゲレーロ〝親分〟だった。「CMLL側の問題はすべてクリアになったから、ノボルはいつでもCMLLの会場で取材ができる。今度のアニベルサリオ（※CMLLの年間最大のイベント）にきたらどうだ」とのありがたいお誘いだった。海外ではいつも誰かに助けられている。遠い異国で僕のために動いてくれるアミーゴたちがいる。そして、ゲレーロ〝親分〟がそっと教えてくれたライガーさんの12年前の〝男気〟に改めて感謝したのだった。

上：『FOTOLIBRE 23』表紙掲載の「SIMA製」〝白髪ライガー〟のマスクとCMLL世界ミドル級チャンピオンベルト（こちらも表紙掲載）と直筆サイン入り『FOTOLIBRE 23』
下：2016年6月10日、後楽園ホール大会でタイチに引き裂かれたマスク。両方の角もなくなっており、これほどまでにズタズタにされたマスクは存在しない。

藤原喜明

Yoshiaki Fujiwara

いつも何とかしてくれるプロ中のプロ

２０１０年7月18日、新木場1ｓｔＲＩＮＧで開催した「ブッチャー・フィエスタ～血祭り２０１０～」のブッチャー&鈴木みのるの対戦相手をお願いするため、僕は藤原組長の窓口だった真壁さんに電話を入れた。真壁さんは「大川さん、自分で組長に直接言ってあげてよ」というのだ。僕は直立不動で組長の携帯に電話し、僭越ではあったが、ギャラと対戦カードを提示させて頂いた。組長は「新木場だろ？　そんなもんだろうな。鈴木か？　あの野郎、俺の真似しやがって、あいつ嫌いなんだよ」と独特の優しい言い回しで、最後には「任せとけ！」と快諾してくれたのだ。

大会当日は、「ブッチャーに会いたくて、早くきちゃったよ」と僕らスタッフよりも早く会場入りし、ブッチャーとの再会を楽しまれていた。試合後の打ち上げにも参加して下さり、ハヤブサに痺れる一言をかけてくださった。組長はハヤブサに「お前、がんばってんだな、俺は感動したぞ。お前の復帰戦は俺が相手してやる。その代わり、そんなに待てねーぞ、俺も歳だからな」と声をかけていたのだ。

この経緯を見ていた僕は、２０１１年10月7日「仮面貴族フィエスタ２０１１」後楽園大会でのエン

【藤原喜明】1949年生まれ、岩手県出身。1972年11月に新日本プロレスに入門し、10日後に藤波辰巳戦でデビュー。カール・ゴッチに関節技をはじめとするレスリング技術を学んだ。2007年に胃がんを患うも、闘病を経て復活。2023年9月現在も現役として活躍を続けている。

ディングで、ハヤブサが10年ぶりに後楽園のリングへ上がる際の呼び込み役を組長にお願いしたのだ。大病を克服してリングに帰還し、その存在感をさらに大きくされていた組長こそ、相応しいと思ったからだ。

２０１０年10月11日、新木場1ｓｔＲＩＮＧで開催した「仮面貴族フィエスタ２０１０」では、マスカラス＆天龍＆パンテーラ組の対戦相手として再び電話でオファーさせて頂いた。このときも「おう、天龍か、俺は天龍とならら自信あるよ。任せとけ！」と快諾して下さった。

２０１１年10月7日、後楽園ホールで開催した僕の店の10周年記念興行「仮面貴族フィエスタ２０１１」の出場選手はマスクマン中心だったが、組長にもぜひ出場していただきたい。そこで僕は再び直立不動でお電話し、「マスクを被って今度の大会のオープニングマッチに出場していただけないでしょうか?」と無理を承知でお願いした。組長は「任せとけ！」とこのときも快諾。僕はリングネームを〝テロリスト・Ｆ〟とし、マスク職人のオオヤさんに組長風の顔で口にタバコを咥えているイメージで、マスクを発注した。マスクが完成し、組長に見せに行くと一言「俺、タバコ吸わねーよ！」。「タバコの部分を外します」と言うと「いいよ、そのままで」と言って下さり、〝テロリスト・Ｆ〟のマスクはこうして完成した。そして全試合終了後には、ハヤブサをリングへ呼び込む大役も務めて下さった。

ＵＷＦ時代に書いていただいた似顔絵入りの丁寧なサイン色紙、高校生のときに僕が撮影した2枚の写真はいずれもカメラ目線だった。〝テロリスト〟として脚光を浴びた組長だったが、ファンを大切にする方だったことがわかる。僕にとっては組長はお願いすれば何とかしてくれる「プロの中のプロ」、そんな存在だ。

「ブッチャー・フィエスタ～血祭り2010～」でブッチャーのリングインを手伝う藤原組長

藤原喜明　思い出の逸品

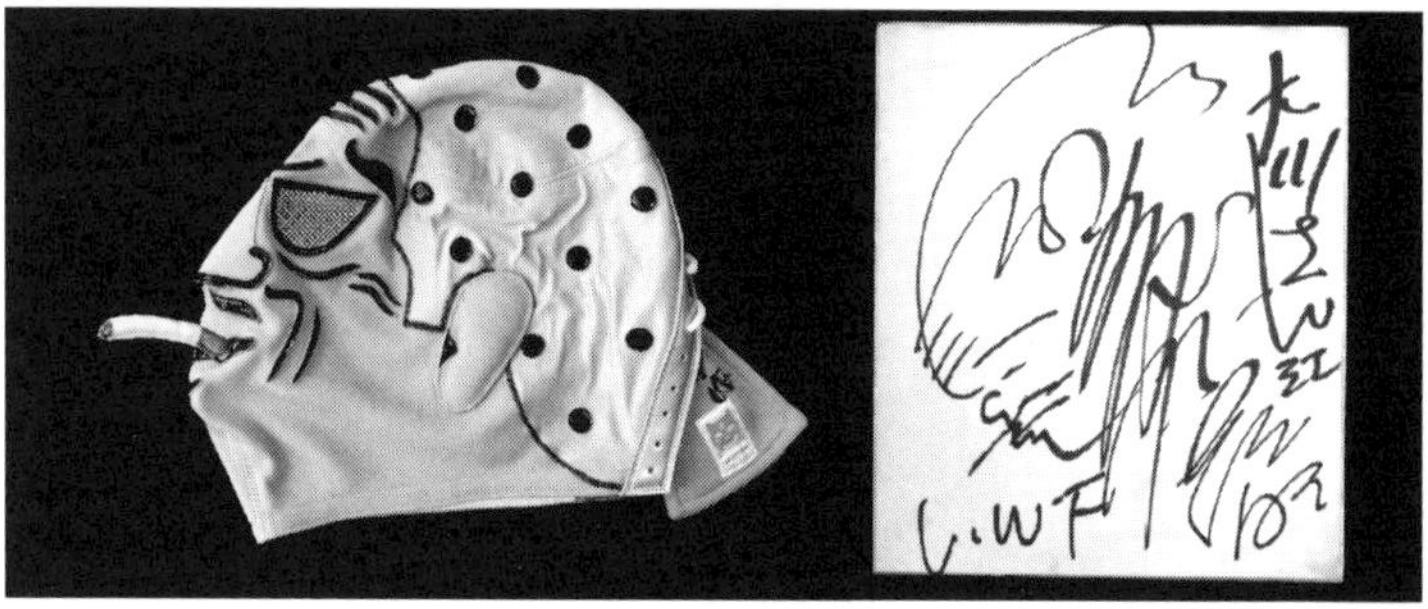

左：〝テロリストF〟のマスク　右：UWF時代にいただいた色紙。ご本人のイラスト付き。

蝶野正洋

Masahiro Chono

GK金沢の取材史上、最大の大遅刻

蝶野さんとの初遭遇のインパクトは絶大だった。

僕が『週刊ファイト』に就職して間もなく、インタビュー取材のため、僕とGK金沢さんは、新日本プロレスの上野毛道場へ伺った。しかし、約束の時間を過ぎても蝶野さんは一向に現れない。1時間以上が過ぎて、新日本の事務所に確認し、蝶野さんが行きそうな場所に電話するなど、道場にいた若手も協力してくれて大捜索となったのだ。約束の時間から2時間が過ぎ、さすがの『週刊ファイト』も諦めて帰ろうとしたそのとき、道場の2階から寝起きの蝶野さんが降りてきて一言「あれ？　約束してましたっけ？」と。現在の蝶野さんのきっちりした性格からは想像もつかなかった超大物ぶりを体感させていただいた。ちなみにこの出来事は、GK金沢さん曰く、「自分の取材史上、最大の遅刻」だという（笑）。

〝闘魂三銃士〟の時代になると、このときのイメージとはまったく違う印象がある。〝闘魂三銃士〟が集まる取材の場合、武藤さんは約束の時間より前に、蝶野さんは少しだけ遅れて（蝶野さんは橋本さんが絶対遅れてくると思っていたためらしい）、そして、橋本さんはいつも大遅刻で、早めにきていた武藤さん

【蝶野正洋】 1963年生まれ、アメリカ出身。1984年に新日本プロレスに入門。同年に入門した武藤敬司、橋本真也らと〝闘魂三銃士〟として人気を得る。1995年にWCWに参戦した際、ハルク・ホーガン率いるnWoに加入。帰国後、nWoジャパンを結成し、大ブームを巻き起こした。

がいつも長時間待つことになっていた。そんなお三方の個性が作り出した〝闘魂三銃士〟は、日本のプロレス史上最高のトリオだった。

１９９１年夏、Ｇ１クライマックス第一回覇者となり、そのエンディングでは、〝闘魂三銃士〟が揃い踏みし、両国国技館に座布団が飛び交い、新時代の到来を告げた。１９９２年も連覇、１９９４年に三度目の優勝を飾ると「武闘派宣言」し、〝黒のカリスマ〟へと舵を切った。１９９６年にＷＣＷで大ブレイク中だったケビン・ナッシュ、スコット・ホール、ハルク・ホーガンを中心とした〝ｎＷｏ〟に合流すると、人気はさらに大爆発、ｎＷｏのＴシャツは海賊版が出るほどの大人気だった。この頃、未遂となったが、ゴングのカメラマンがｎＷｏジャパン入りするという話が水面下で少しだけあったのだ。これは実現しなかったが、地方大会でゴングの後輩カメラマンがｎＷｏジャパンに襲われ、リング上でＴシャツを引き裂かれ、黒いスプレーで背中にｎＷｏと書かれるという、ちょっとした事件が起きたこともあった。ｎＷｏジャパンは、マスコミをも巻き込んで毎週話題を提供してくれた。

カメラマン冥利に尽きる一枚

蝶野さんのインタビュー撮影もかなりの回数させていただいたが、カメラマンとしては、一番ありがたい被写体だった。穏やかな話ぶりから、撮影が始まると即座にスイッチが入り、プロレスラー・蝶野正洋となるのだ。

蝶野さんに気に入っていただき25周年興行で巨大なタペストリーになった1枚

ご夫妻でプロデュースされている「アリストトリスト」の衣装も常にコーディネートされていて、店内で撮影させていただいても、夜の通りで撮影させていただいても、いつでもどこでも〝黒のカリスマ〟がそこにいた。個人的には、夜、表参道の交差点で撮影させていただいた写真が凄く気にいっている。信号が変わるまでのほんの数十秒のぶっつけ本番の撮影だったが、僕がイメージした通りの〝黒のカリスマ〟を表現することができた（口絵9ページ下）。

２００９年10月12日、蝶野さんの25周年興行が両国国技館で開催された。その際、テレビ朝日の担当者から連絡をいただき、僕が週刊ゴングのインタビューの際に撮影したＩＷＧＰのベルトにアリストトリストのペンダントを落とし込んで撮影した写真を会場に大きなタペストリーにして飾りたいと蝶野さんが言って下さったという話だった。

スター選手に「この写真」と思っていただける記憶に残る写真が1点でも撮影できたなら、プロレスカメラマン冥利につきる。

蝶野さんは、２０２３年2月21日、東京ドームで武藤さんの引退興行で最後の相手としてリングに上った。武藤さんの引退興行には、平日にも関わらず、三万人のプロレスファンが集ったのだ。蝶野さんは、まだ引退されていない。

僕のちっぽけな思いだが、プロレス業界総出で蝶野さんの引退興行を盛り上げたい！

武藤敬司＆橋本真也＆蝶野正洋の若き日の〝闘魂三銃士〟

蝶野正洋　思い出の逸品

左：人気絶大だったnWo JAPAN時代の武藤＆蝶野サイン入りのキャラプロ製2パックフィギュア。
右：2005年のG1で5度目の優勝を果たした蝶野さんの「G1 V5」表記の直筆サイン入生写真。

スーパー・ストロング・マシン

Super Strong Machine

奇跡的だった「流星仮面フェスタ」への出場

僕が中学生のときに初めて手に取った試合用マスクがスーパー・ストロング・マシンの〝玉虫ラメ〟のマスクだった。当時、プロレス雑誌の広告を見て通販で購入したのだ。

2007年6月、中邑真輔選手の結婚式で、平田さんとのご縁をいただいた。式の最中、ある選手が「平田さんを紹介しますよ」と言って、僕と平田さんを繋いでくれたのだ。その後、少しずつではあったが、スーパー・ストロング・マシンの本物のマスクを当店で取り扱わせていただけることになった。中学生の頃から憧れた大好きなデザインのマスクだった。

このご縁がきっかけとなり、僕が2009年7月4日、新木場1stRINGで開催した「流星仮面フィエスタ」に出場していただいた。この大会は、主役のマスクド・スーパースターさんからの要望で実現した大会で、日本では長く新日本プロレスのリングで活躍された大型マスクマンであるマスクド・スーパースターさんのパートナーをマシンさんにお願いしたのだ。マスクド・スーパースターさんは、一時期

【スーパー・ストロング・マシン（平田淳嗣）】1956年生まれ、神奈川県出身。1978年に新日本プロレスに入門。84年に海外遠征からの帰国後、ストロングマシーンに変身。藤波辰爾と名勝負を繰り広げた。2019年、実子のストロングマシーン・JがDRAGON GATEでデビューした。

「流星仮面 FIESTA」でスーパー・ストロング・マシン vs タイガーマスクが実現！

「流星仮面 FIESTA」メインイベント直前、出場４選手が１枚の写真におさまった

WWFでスーパー・マシンを名乗ったこともあったので、歴史的にも意味のあるタッグチームが実現したのだ。対戦相手には、4代目タイガーマスクに入っていただき、新日本プロレスでも滅多に見られないマシンvsタイガーが新木場のリングで実現した。ちなみに、この日のマシン選手には、僕の中学生のときの思い出の〝玉虫ラメ〟のマスクでの出場をお願いした。

その後、マシン選手には、様々な団体からオファーがあったようだが、平田さんはそのすべてをお断りしていたようだ。

実際、新日本プロレスのリングでさえも、2014年以降は試合に出場しておらず、引退興行となった2018年6月19日の後楽園大会でも、試合はせずにセレモニーのみの参加だった。それを考えれば、あのタイミングで「流星仮面フィエスタ」へ出場していただけたことには、改めて感謝の思いだ。

頑固一徹、実直で優しい方だった。

スーパー・ストロング・マシン　思い出の逸品

子どものころからの憧れだった「OJISAN製」玉虫ラメ仕様の実使用マスク

佐野直喜（佐野巧真）

Naoki Sano / Takuma Sano

タイトルマッチで破かれた伝説のマスク

2023年初夏、僕はずっと気になっていた佐野さんが京都で経営されている「焼肉巧真」にやっとお邪魔することができた。

佐野さんが現役時代は、メキシコ修行時代もすれ違い、なぜか一度もインタビューなどの取材でご一緒する機会もなかった。

佐野さんが第二の人生のために神楽坂にある栗原あゆみさんの実家が経営でする焼肉店「三宝」の厨房で修行をされてからは、僕が来店した際にお話いただける仲となった。僕も将来的には、京都移住を考えているので、佐野さんの第二の人生の選択に興味があったのだ。佐野さんは、厨房が落ち着くと僕らの席までできてくださり、ゆっくりお話させて頂くことができた。

今回のお店訪問には美味しい焼肉をご馳走になることはもちろんだが、実はもうひとつ目的があった。それは回り回って今、ぼくの手元にある〝伝説のマスカラ・ロタ〟（引き裂かれたマスク）に佐野直喜

【佐野直喜（佐野巧真）】1965年生まれ、北海道出身。1984年に新日本プロレスでデビュー。同日デビューした獣神サンダー・ライガーは同学年の同期でライバル関係になる。90年、SWSに移籍。以後、UWFインター、キングダム、バトラーツ、NOAHなどを渡り歩いた。

【焼肉巧真】［住所］〒615-8261 京都府京都市西京区山田庄田町3-63 ［電話］075-382-5529 ［アクセス］阪急嵐山線・上桂駅から徒歩8分 ［駐車場］有 ［定休日］水曜・第一＆第三木曜（祝日の場合は営業） ［営業時間］17時～23時

佐野直喜　思い出の逸品

2022年、新日本プロレス50周年記念イベント「シンニチイズム」でも展示された1990年1月31日、大阪府立体育会館で行われたIWGP Jr.ヘビー級選手権でチャンピオンの佐野直喜が引き裂いたライガーのマスク。Wサイン入り。

佐野さんご自身が笑顔で対応してくださる「焼肉巧真」

時代のサインを頂くことだった。

　このマスクは、1990年1月31日、大阪府立体育会館で行われたライガーさんとのIWGPジュニアヘビー級選手権で佐野さん自身がビリビリに引き裂いたマスクだ。33年ぶりの〝伝説〟のマスクとの対面を佐野さんご夫婦で喜んでくださった。

　清潔感ある店内と間違いのない味と人柄。僕のおすすめは、〝特選・中落ちカルビ〟だ。京都観光へお出かけの際は、ぜひお立ち寄り下さい。

第六章 未来のレジェンドたち

永田裕志

Yuji Nagata

心の支えになっていた同世代の旗手

『週刊ファイト』から『週刊ゴング』に移籍後の僕にとって、永田裕志、天山広吉、小島聡、中西学、ケンドー・カシン、大谷晋二郎、高岩竜一らの〝第三世代〟は身近な取材対象となった。ギラギラしたヤングライオン時代から、彼らがプロレスラーとして成長する姿を間近で取材してきたが、特に永田選手はマスコミとの距離の近い、接しやすい存在だった。

２００２年には、ＩＷＧＰヘビー級チャンピオンとして連続防衛記録を樹立し〝ミスターＩＷＧＰ〟として、新日本プロレスのエースの座に君臨した。２００８年の〝イッテンヨン〟東京ドーム大会で実現したカート・アングルとの名勝負も忘れられない。

永田選手は、僕にとって酒席で縁を深めた珍しいケースの選手だ。地方巡業では、年に数回あった広島大会の際は、永田選手をはじめとするアマレス出身の選手が行きつけだったスナック「キャッチボール」が、夕食後の二次会の集合場所だった。東京では、永田選手がアメリカ遠征から帰国後の１９９８年頃か

【永田裕志】 1968年生まれ、千葉県出身。アマレスで実績を積み、1992年に新日本プロレスに入団。2001年にG1クライマックスで優勝。翌年、IWGPヘビー級王座を獲得すると、10回の防衛に成功するなど、新日本プロレスの〝第三世代〟の旗手として活躍中。

『週刊ゴング』で、実弟の五輪レスリング銀メダリスト、克彦さんとの対談を企画

ら、プロレス業界の関係者を集めて定期的に開催していた〝チーム・ドリフの会〟（渋谷にあったザ・ドリフターズの仲本工事さんのお店「名なし」で開催していた飲み会）に途中からメンバーに入れていただいたのをきっかけに、かなり突っ込んだ話までするような間柄になった。

ちなみにこの〝チーム・ドリフの会〟は過酷な飲み会だった。午後6時、渋谷に集合してスタート。仕事終わりで24時を回った辺りで合流する人もいたため、終了はだいたい午前4時、お店が閉店の時間になると終了のゴングというスタイルなのだ。そんな〝チーム・ドリフの会〟もコロナ禍となった2020年から開催ができていない。

『週刊ゴング』が廃刊となった2007年からの約2年間は、僕にとって深い闇の時間だった。

仲の良かった人たちとは誰とも会いたくない、そんな心境だった。そんな僕の状況を見兼ねたのか、ある人を通じて永田選手が食事に誘ってくれた。今もあの日の感謝を忘れることはない。

　コロナが落ち着き始めた２０２３年2月19日、全日本プロレスの後楽園ホール大会で宮原健斗を破り、三冠王座を奪取。これでメジャー3団体のシングル、タッグ、シングルリーグ戦を完全制覇するという快挙を成し遂げた。これはお祝いしたい！　僕は久しぶりに永田選手に連絡をとり、今では日本一の町中華ともいわれる東京・白山の「兆徳」で、ささやかなお祝いの会を開催した。

　10年ぐらい前の〝チーム・ドリフの会〟で二人だけでかなり真面目な話になったときに、僕は彼に「絶対まだチャンスあるから大丈夫！」と伝えたことがあった。当時は新日本プロレスのリングでなかなかチャンスがこなくなっていた。そこから現在に至るまでの期間で、プロレス界全体で実績をあげたのだ。こんなに誇らしいことはない。永田選手は「あの頃、大川さんが絶対チャンスがあると言ってくれた」と、あの日の二人だけの話を覚えていてくれた。この業界で僕にも辛い時期があったが、いつも心のどこかに「永田裕志も諦めずにがんばっている」という気持ちがあったのだ。２０２３年……日本のプロレス界には、まだまだ永田裕志が必要だ。

永田裕志　思い出の逸品

永田選手が定期的に開催してくれていた「チーム・ドリフの会」の20周年の際、メンバーの鴨川さんが製作してメンバーにプレゼントしてくれた非売品Ｔシャツ

天山広吉

Hiroyoshi Tenzan

心優しき猛牛の思い出

天山広吉凱旋試合の〝イッテンヨン〟東京ドーム大会を控えた、1994年12月、天山選手&金本浩二選手、そして僕とGK金沢さんの四人はサイパンへと向かった。そこで長州さんと合流し、サイパン合宿がスタートするはずだった……が、サイパンの天候は大荒れでとても外で写真が撮れる状況ではなかった。『週刊ゴング』では、「新世代の天下どり」と題して、全日本プロレス・小橋健太選手と新日本プロレス・天山広吉選手の合わせ技で表紙を作る予定だった。滞在中、もうこれ以上は待てない！　若干雨が弱まったタイミングでGK金沢さんが天山選手にフルコスチュームに着替えての外での撮影を依頼した。

海は大荒れだったが、岩場に立った天山選手は、その荒々しい白波に映えて、その後の大躍進を予感させてくれるような迫力のある写真が撮れた。ちなみにこのときの写真は、2016年10月23日に開催された永田選手毎年恒例の東金アリーナ大会で〝テンコジ〟のデビュー25周年のお祝いを試合後、サプライズでしたときに、GK金沢さんから依頼されてパネルとして用意させていただいた。この写真を見た棚橋選

【天山広吉】 1971年生まれ、京都府出身。1990年に新日本プロレスに入門。翌年1月、本名の山本広吉としてデビュー。海外武者修行から帰国した1995年1月より、天山広吉のリングネームを使用。パワーを活かしたファイトスタイルで台頭。IWGPヘビー級王座は四度戴冠した。

手が「天山といえばこの写真ですよね」と言ってくれたと、GK金沢さんが教えてくれた。

ブレイク前夜の天山広吉を取材できた。そんな思いだったが、順風満帆にチャンスを掴んだように見えた天山選手だったが、そばでその姿を目撃した僕らからすると茨の道だった。連日メインイベントに出場し、凱旋試合の東京ドーム大会から1か月後の2月4日の札幌大会で、橋本さんの保持していたIWGPヘビー級王座に挑戦が決まる。前哨戦の段階で天山選手が弱音を吐くほど、橋本さんの蹴りの凄みは尋常ではなかった。また、後楽園ホールで長州さんがみまったリキ・ラリアットもど迫力の一発だった。新日本プロレスにおけるメインイベンターになろうとする選手への洗礼は、あまりにも激しく、それに耐え抜いた者だけが本物のスターになれるのだ。これに耐え抜いたからこその天山人気大爆発だった。

２０１５年2月14日、仙台サンプラザ大会でロブ・コンウェイを破り、第１２７代ＮＷＡ世界ヘビー級チャンピオンとなった。あのＮＷＡ世界ヘビー級のチャンピオンベルトを巻いたのだ。歴代のチャンピオンには、ジャイアント馬場、ドリー・ファンクJr、テリー・ファンク、ハリー・レイスなどがおり、僕が一番憧れた大好きなベルトだ。戴冠から3週間後の後楽園ホールで天山選手に会い、祝辞を伝えてベルト姿を撮影させてもらったが、ほぼ同世代でＮＷＡのベルトへの憧れは一緒だったので最高の笑顔が撮れた。

そんな天山選手も現在の新日本プロレスのリングではレジェンドの領域にきている。２０２３年のベスト・オブ・ザ・スーパージュニア決勝戦は、マスター・ワトvsティタン、ワト選手のセコンドには、天山選手が付いていた。大激闘の末、マスター・ワト選手が初優勝。セコンドの天山選手は男泣き、そこには素の優しい、いつもの天山広吉がいた。

我々世代の憧れのNWA世界ヘビー級チャンピオンベルトを巻いて最高の笑顔をみせてくれた

棚橋弘至＆中邑真輔

Hiroshi Tanahashi & Shinsuke Nakamura

プロレス冬の時代に現れた二人の救世主

二人が新日本プロレスに入団した直後、日本では、Ｋ‐1、ＰＲＩＤＥの格闘技が爆発的な人気を集めていた。

その影響は、間違いなくプロレス界にも及び、特に猪木さんが2000年にＰＲＩＤＥのエグゼクティブ・プロデューサーに就任すると新日本プロレスは、その影響をもろに受けた。

2002年、この流れの中で武藤さんは新日本プロレスを退団し、全日本プロレスへと移籍した。さらに、プロレスリング・ノアの台頭もあり、新日本プロレスは日本プロレス界の盟主の座に黄信号がともっていた時代だった。

中邑選手は、デビュー直後から、総合格闘技の試合に駆り出され、22歳の若さで新日本プロレスの看板を背負って戦っていた。2003年12月9日、大阪府立体育会館で天山広吉の保持するＩＷＧＰヘビー級王座に挑戦、見事勝利し、弱冠23歳で第34代ＩＷＧＰヘビー級チャンピオンとなった。

【棚橋弘至（左）】 1976年生まれ、岐阜県出身。1998年、三度目の入門テストに合格し、新日本プロレスに入門。2006年7月17日、新王者決定トーナメントに優勝し、念願のIWGPヘビー級王座を戴冠。以後、本隊のエースとして、新日本プロレスがV字回復を遂げる原動力となった。

【中邑真輔（右）】 1980年生まれ、京都府出身。2002年に新日本プロレスに入門。03年12月には天山広吉に勝利し、デビュー最速・最年少でIWGPヘビー級王座を戴冠した。2016年2月にWWEと契約、2017年にNXTからWWEに昇格し、スーパースターとして活躍中。

一方、棚橋選手は、プロレスの王道を守ろうと孤軍奮闘していたが、この頃、勝ち星に恵まれない状況が続いていた。

２００４年12月11日、大阪府立体育会館で佐々木健介&鈴木みのる組を破って、ＩＷＧＰタッグ王座を奪取。その直後の２００５年〝イッテンヨン〟東京ドーム大会のメインイベントのＩＷＧＰＵ‐30無差別級選手権で、棚橋弘至vs中邑真輔のシングル初対決が実現し、ここから二人の新日本プロレスを背負ったライバルストーリーが始まった。

２００５年9月、二人のメキシコ・ＣＭＬＬ遠征の模様を現地で取材する機会に恵まれた。

アレナ・コリセオ大会では、〝メキシコの帝王〟エル・カネックとトリオを結成し、ルード軍として試合を楽しんだ。アレナ・メヒコ大会では、中邑選手は〝聖者〟エル・イホ・デル・サントからタップアウト勝ち。その試合後、僕に「サントに勝った以上は、またメキシコにくる必要がありますね」と話してくれた。メキシコの英雄から勝利した以上は、サントとの〝レバンチャ〟再戦を受けます！　という意味だった。

このメキシコ遠征中、二人は新日本プロレスでの重圧からしばし解放されたかのように、メキシコの〝自由な戦い〟ルチャ・リブレを満喫しているように見えた。

メキシコ遠征後には、こんなエピソードがあった。現地のメキシコ雑誌の記者が来日し、後楽園ホールで中邑選手を表敬訪問した。試合後、バタバタのタイミングでの再会だったため、中邑選手は彼のホテルを聞いて「後で行く」と言ったそうだ。僕はさすがに「こないでしょ？」と彼に言ったが、翌日連絡があり、夜遅く本当に彼の宿泊先を中邑選手が訪ねてきたというのだ。しかも、わざわざ一旦自宅へ戻り、彼

2005年9月のメキシコ遠征では、メキシコの帝王エル・カネックとトリオを組んだ

試合後、当店が仕入れたカネックのスパンコールのマスクを被ってるおどける中邑選手

にプレゼントするためのプロレスグッズを持ってきてくれたという。のちに世界で活躍することとなるスーパースターの、外国人への気さくで心温まる気遣いだった。

歩んだ道は違えども…

2006年6月、シングルプレイヤーとして、なかなか結果が伴わなかった棚橋選手に大きな転機がやってきた。世界最強といわれたブロック・レスナーが保持していたIWGPヘビー級王座への挑戦が発表される。しかし……タイトルマッチ2日前になってレスナーがドタキャン。7月17日、月寒グリーンドームで急遽行われた王座決定トーナメントでジャイアント・バーナードを破り、涙のIWGPヘビー級王座戴冠となった。この試合後のリング上とバックステージでは一体感が生まれ、新日本プロレスに明るい未来が見えた瞬間だった。

それでも集客に苦戦する状態は続き、IWGPヘビー級選手権が、後楽園ホールで開催されることが何度かあり、涙でファンの信頼回復を誓った日もあったほどだ。

2012年の〝レインメーカー・ショック〟オカダ・カズチカ出現までは、この棚橋弘至と中邑真輔の二人が間違いなく新日本プロレスを牽引していた。

だが、別れの日は突然やってきた。

2016年の〝イッテンヨン〟東京ドーム、IWGPインターコンチネンタル王座をAJスタイルズ相

完璧な肉体でIWGPヘビー級王座を奪取した棚橋弘至。永田選手の目にも涙が。

中邑選手の顔面蹴りが炸裂。二人にしかできない極上のライバル対決だった。

2006年2月5日、雪の札幌、試合後会場の外に出て雪の上で大の字となる棚橋選手

手に防衛した中邑選手が、意味深なポーズを見せた。左手で涙を隠すように顔を覆いながら右手を上げたのだ。この数日後、新日本プロレスに激震が走る。中邑選手が1月末で新日本プロレスを退団し、WWE（NXT）へ移籍するというのだ。

あれから8年の月日が経とうとしている。

棚橋弘至は、日本で一番信頼される存在のレスラーとなり、シンスケ・ナカムラはWWEスーパースターとして、唯一無二の存在感を醸し出している。

棚橋弘至と中邑真輔。

信念を持った二人の若者が、時代に翻弄されながらも、いっさいブレることなく、時代を掴んだ逞しすぎる姿を近くで見届けられたことは、プロレスカメラマンとしてかけがえのない体験だった。

だいぶ年上の僕から見ても、この二人の生き様は最高にカッコいい。

棚橋弘至＆中邑真輔　思い出の逸品

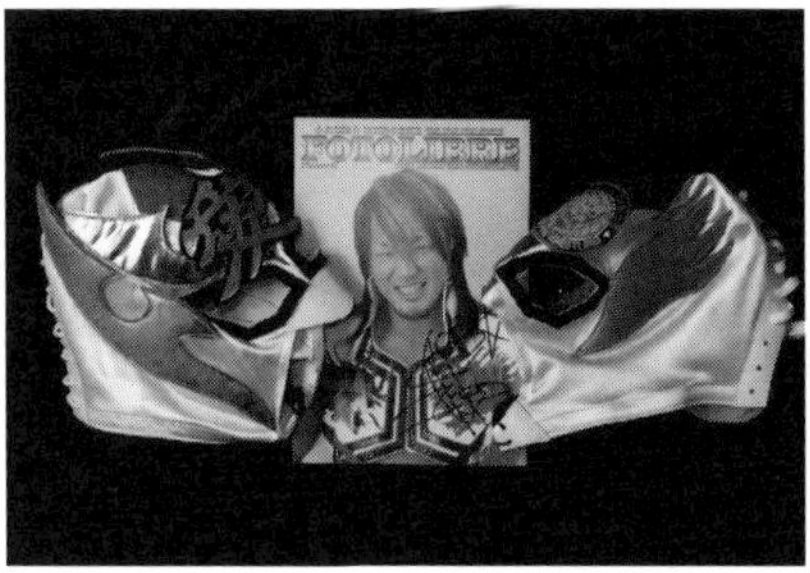

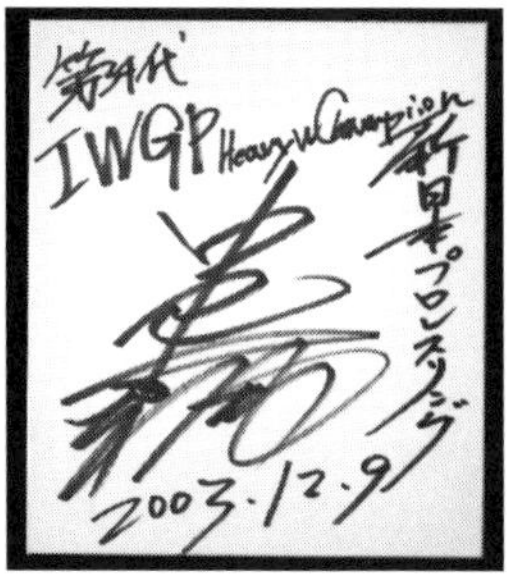

左：キャプテン・タナハシの使用済マスク2点＆サイン入り『FOTOLIBRE31』。
右：第34代IWGPヘビー級チャンピオンとなった日付入りの中邑選手のサイン色紙。

内藤哲也

Tetsuya Naito

メキシコで生まれ変わった内藤哲也

２００８年５月、内藤選手は〝ＮＯ　ＬＩＭＩＴ〟（パートナーは、裕二郎）として、初めてのメキシコを満喫しているように見えた。この頃、メキシコでの内藤選手の人気は絶大だった。特に小さな子どもや、女性からの人気は想像を絶する凄さだったのだ。

内藤選手もまた、メキシコでプロレスラーとして、転機となるチャンスを掴んだ選手である。

２０１４年、人柄、能力、天才的な受け身、どれをとっても非の打ち所がない内藤選手を新日本プロレスのファンは支持しなかった。

〝イッテンヨン〟東京ドーム大会では、ファン投票の結果、オカダ・カズチカとのＩＷＧＰヘビー級選手権がダブルメインイベントの第一試合（事実上のセミファイナル）となる。

特に大阪では、大きなブーイングが起こった。そんな状況が続いた２０１５年５月、内藤選手はメキシコへ渡り、その頃、ＣＭＬＬで自由奔放に闘っていたルーシュ＆ラ・ソンブラが作ったユニット「ロス・

【内藤哲也】 1982年生まれ、東京都出身。2006年に新日本プロレスでデビュー。若手の頃から高いプロレスセンスを評価されていたが、2015年のメキシコ遠征で素質が開花。帰国後にロス・インゴベルナブレス・デ・ハポンを結成し、人気実力ともにトップレスラーになった。

インゴベルナブレス」入りする。

帰国後、11月21日、後楽園ホール大会で〝パレハ〟BUSHI選手が合流し、翌日「ロス・インゴベルナブレス・デ・ハポン」結成。その後は、ブーイングを大歓声に変え、L・I・Jブームを巻き起こした。ユニットとしても内藤哲也というプロレスラー個人としても人気大爆発だった。

失意のパレハに示した友情

2015年1月、新日本プロレス毎年恒例の〝ルチャの祭典〟ファンタスティカマニア直前に、内藤選手から僕に相談があった。

同じ足立区&アニマル浜口ジム出身のBUSHI選手が年末の後楽園大会で大怪我を負い、ファンタスティカマニア欠場が決まっていた。BUSHI選手への想いから、「入場時にBUSHIをイメージしたオーバーマスクを被りたい」という話だった。僕はBUSHI選手とソンブラのマスクのデザインを取り入れながら、内藤選手をイメージしたデザインをミックスさせ、3種類のデザインのオーバーマスクをマスク職人のオオヤさんに発注した。

マスクが完成したことを伝えると、内藤選手はわざわざ僕の店までマスクを受け取りにきてくれた。

マスクのデザインには、内藤選手が指で片目を見開くポーズをイメージして、片目だけは開いていて、もう片方の目の部分はピンホール・メッシュ（ライガーさんのマスクの目の部分などにも使用されてい

「ファンタスティカマニア2015」限定で実現したマスクマンNAITO

完成したマスクの引き渡しのために、当店に来店してくれた内藤選手

後楽園大会では、盟友・ラ・ソンブラ＆田口選手と謎のトリオを結成

る銀色の素材）で塞いでいた。マスクを試着した内藤選手は「結構、見えますね」と一言。さらに「これなら被って試合できるかなあ」とつぶやいた。そしてファンタスティカマニア中、３種類のマスクを使って試合に出場したのだ。欠場中のＢＵＳＨＩ選手へ思いを馳せたちょっといい話。ロス・インゴベルナブレス・デ・ハポン結成10か月前の出来事だった。

２０２３年２月21日・東京ドーム、武藤さんの引退試合の相手を務め、見事勝利し、名実ともにプロレス界の顔となる。

２０２３年のＧ１クライマックスは、内藤選手が三度目の優勝を飾り、試合後には、「このリングの主役は……オレだ！」と叫び、最後は、声出しＯＫとなった満員の両国国技館で〝デ・ハ・ポン〟の大合唱となった。

残るは、２０２４年〝イッテンヨン〟東京ドームのメインイベント後の〝デ・ハ・ポン〟の大合唱……

２０２４年は、内藤哲也の時代。そんな予感がする２０２３年夏だった。

内藤哲也　思い出の逸品

ファンタスティカマニア2015限定マスクの3枚のうちの１枚。後ろのベロ部分には、野球好きの内藤選手をイメージして、阪神のマークに似せた「T.N」（Tetsuya Naito）をデザインした。

オカダ・カズチカ

Kazuchika Okada

カメラマンを魅了する世界一のドロップキック

僕は、プロレスカメラマンとして、その美しすぎる〝世界一のドロップキック〟に魅了された。一瞬にして試合の雰囲気を変えてしまうインパクト。あれだけの高身長でありながら、対戦相手よりも高く飛び、的確にヒットさせる。しかも、その空中姿勢は着地のその瞬間まで美しく、リングサイドのカメラマンがどの角度で撮影してもカッコいいのだ。

オカダ選手との初遭遇は、2005年のメキシコだった。一人だけずば抜けた体格だったが、特に目立った存在ではなかった。ただ他の道場生とのやりとりを見て、この子は何か雰囲気が違うなあという印象を持った。

翌年には、闘龍門メキシコの合宿所でインタビュー取材をした。はっきりと頭角を現したのが、その翌年の2007年5月13日、アレナ・メヒコで開催された「ドラゴマニア」だった。この日、岡田かずちかは、メインイベントに大抜擢された。ウルティモ・ドラゴン&ミル・マスカラス&マルコ・コルレオーネ

【オカダ・カズチカ】1987年生まれ、愛知県出身。15歳で闘龍門に入門し、2004年8月、メキシコのアレナ・コリセオでデビュー。07年に新日本プロレスに移籍。2012年2月に棚橋弘至を倒し、IWGPヘビー級王座を獲得した。「金の雨を降らせる」プロレス界の大エース。

とタッグを組んで、高山善廣&鈴木みのる&ウルティモ・ゲレーロ&ＳＵＷＡと激突。ウルティモ校長の期待が窺えるマッチメイクだった。この試合では、ルード軍に厳しく責められ続け、食らいついていく展開、技という技はほとんど出していないのではないか。特にゲレーロ親分のコーナーからのゲレーロ・スペシャルはえげつなかった。試合が終了してもなお鈴木みのるに突っかかっていく姿は、ヤングライオンそのものだった。

この試合前に印象的なシーンがあった。ウルティモ・ドラゴンの入場を待つ間のリング上には、岡田かずちかとマスカラスの二人が……僕は咄嗟に岡田選手に目配せして合図を送った。すると岡田選手は、ニコニコしながらマスカラスの横へ。二人が同時に僕のカメラも見て、凄い2ショットが実現した。ちなみにこの凄い2ショットは、6年後の日本で『週刊プロレス』の表紙撮影で再び実現した。このとき、岡田選手は〝レインメーカー〟オカダ・カズチカとしてＩＷＧＰヘビー級のチャンピオンベルトを持参して2ショットに収まった。

ＩＷＧＰ2連戦で周囲を黙らせた〝レインメーカー〟

2012年1月4日の東京ドーム大会でＴＮＡ（現インパクトレスリング）遠征からの凱旋試合、そして、メインイベント終了後には、棚橋選手の保持するＩＷＧＰヘビー級王座への挑戦を表明すると東京ドームはブーイングの嵐となった。しかし、約1か月後の大阪大会で王者・棚橋弘至をレインメーカーで

2007年5月13日（アレナ・メヒコ）のドラゴマニアでの〝レインメーカー〟&〝仮面貴族〟

破り、24歳の若さで第57代IWGPヘビー級チャンピオンとなった。この翌月の後楽園ホール大会で内藤哲也の挑戦を受け、強烈なインパクトのある試合を見せ、このIWGP2連戦で〝レインメーカー〟オカダ・カズチカここにありを知らしめた。これはまさにレインメーカー・ショックだった。

2019年4月6日、新日本プロレスがニューヨーク〝MSG〟マディソン・スクエア・ガーデンに進出。オカダ選手は、ジェイ・ホワイトの保持するIWGPヘビー級王座に挑戦。見事に〝プロレスの殿堂〟MSGで第69代IWGPヘビー級チャンピオンに返り咲いた。この試合が僕がリングサイドでオカダ選手を撮影できた最後の試合となった。この日は本来ならば2階からの撮影だったが、同日、ROH女子王座の防衛戦があったスターダム・岩谷麻優選手の粋な計らいで（詳しくは岩谷麻優『引きこもりでポンコツだった私が女子プロレスのアイコンになるまで』218ページ参照）リングサイドでの撮影が実現したのだ。

この新日本プロレスのMSG大会の取材のため、ニューヨークへ向かう出発の日、羽田空港でオカダ選手と遭遇した。彼は上りエスカレーターで僕の15メートルくらい前にいて、一瞬後ろを振り返った。エスカレーターを上がりきるとそこにはオカダ選手がいて、丁寧な挨拶をしてくれたのだ。変わらぬ人柄がそこにあった。この小さな幸せもあり、あの日、MSGのリングサイドで撮影できたことは、僕のプロレスカメラマン人生において特別な思い出となった。

僕がプロレスの取材へほとんど行かなくなって数年が経つ。それなのに、オカダ・カズチカにまつわる噂がよく僕の耳に入ってくるのだ。その噂というか、逸話はすべてオカダ選手を絶賛した話ばかりなのだ。それは、後輩選手だったり、先輩選手だったり、スタッフだったり、マスコミだったり、そのすべての人

2019年4月6日には、プロレスの殿堂〝MSG〟マディソン・スクエア・ガーデンに初登場

〝プロレスの殿堂〟でジェイ・ホワイトにレインメーカーを決め IWGP ヘビー級王座奪取

MSG で王座奪還に成功した〝レインメーカー〟オカダ・カズチカに最前列の観客は大熱狂

たちから「オカダは凄い」というエピソードを聞くのである。これは、選手としての試合の凄さとは別の部分であり、天龍さんを引退試合で介錯し、引き継いだであろう〝ミスター・プロレス〟の座、まさにプロレス界を背負った立ち振る舞いをし、〝徳〟を積み続けているのだと納得してしまう。

今回、岡田かずちか選手のデビュー当時の写真を見ていて、ふと疑問に思ったことがあった。当時の闘龍門出身の選手はほとんどが、ウルティモ校長により、キャラ付けされ、デビュー当時から派手目のコスチュームを着用していたにも関わらず、岡田選手だけが、新日本プロレスのヤングライオンさながらに、黒のショートタイツに黒のリングシューズだったのだ。

僕はどうしても気になり、ウルティモ校長に質問してみた。すると校長からこんな答えをいただいた。「岡田を初めて見たときに、若き日の前田日明さんのイメージがあったので、この子には変なキャラクターは必要ないなと思ったんだよね。そして、将来は間違いなく新日本プロレスへ行くだろうと思ったので」……そうか〝レインメーカー〟オカダ・カズチカは、メキシコでヤングライオンとしてデビューしていたのだ。

オカダ・カズチカ　思い出の逸品

〝レインメーカー〟オカダ選手の直筆サイン入りフィギュア

葛西純

Jun Kasai

ファンを熱狂させるデスマッチ界のカリスマ

これは、もう僕の一方的な片思い。

それに気づかせてくれたのは、２０１７年にデビュー10周年を迎えた新日本プロレス・ＢＵＳＨＩ選手の写真集『フォトリブレ62』を発売した際、元『週刊プロレス』記者の鈴木健くんのご好意で、彼がレギュラーでやっていたニコ生のゲストに僕と武士くんを呼んでいただいたときだった。生放送の終盤、鈴木健くんから「今後、フォトリブレでやってみたい選手はいますか？」と突然聞かれ、何の躊躇もなく「葛西選手です！」と答えていたのだ。これは反射的に答えたものなので、心の叫びに近い本音だったと思う。

僕が水道橋で店を始めた頃、たしか大日本プロレスのグッズの会社の方から葛西純＆ザンディグのフィギュアの案内があって、僕の店でも取り扱いをさせていただいたことがある。この時代にフィギュアを発売するって結構大変だったと思うし、きっと葛西選手自信がフィギュアが好きなんだろうなと思い、何となく親近感を持ったのだ。

【葛西純】 1974年生まれ、北海道出身。デスマッチのカリスマ。1998年に大日本プロレスでデビュー。2009年には伊東竜二との試合でデスマッチとしては19年ぶりにプロレス大賞ベストバウト賞を受賞。2023年7月には新日本プロレスのリングにも登場し、ファンを大いに沸かせた。

僕はプロレスカメラマンとして、主に新日本プロレスを中心に取材してきたが、全日本プロレスもUWF系も、ルチャ・リブレも、女子プロも、そしてデスマッチも大好きなのだ。しかし、2015年8月28日のフリーダムズの後楽園大会で目の当たりにした流血シーンには衝撃を受けてしまった。試合終盤、葛西選手は右肩あたりに明らかにヤバい裂傷を負う。試合中も試合後も平然と立ち振る舞っていたが、これは緊急を要する事態かもしれないと思い、僕は思わず控室に戻る葛西選手の後を追った。そこにリングドクターの林先生が駆けつける。お二人の会話は「これはしばらく無理だな」「え、マジですか?」ぐらいで、心配しているのは僕だけのような妙な空間だった。しかし、ここに葛西純という〝カリスマ〟デスマッチファイターの凄みを感じるのだ。フリーダムのデスマッチは、他のそれとは一線を画しているように思えるのだ。カッターやハサミを使用したデスマッチでは、ときに目を背けたくなるような瞬間がある。それなのに、その中心にいる葛西選手には何の悲壮感もないし、それどころか明るささえ感じてしまう。葛西純というデスマッチファイターは、僕らの心配なんかとっくに超えたところに存在する選手なのだ。

葛西選手の入場曲「DEVIL」が会場に鳴り響くと、自然と大・葛西コールが発生する。この瞬間の〝カリスマ〟の姿に痺れるのだ。

今回、この書籍の中で僕なりの『葛西純フォトリブレ・レジェンド編』として、思い入れのある写真を掲載させていただいた。葛西選手とは一度もお話をさせていただいたことがないが、実は一度だけ行きつけの水道橋の居酒屋で見かけたことがある。もちろんプライベートな時間なので話しかけなかったし、またその店で見かけても話しかけないでこれからも遠くから応援し続ける。僕にとってそんな特別な存在だ。

FOTO LIBRE de JUN KASAI

自ら蛍光灯を使って胸を傷つけるシーンに場内は大熱狂となる

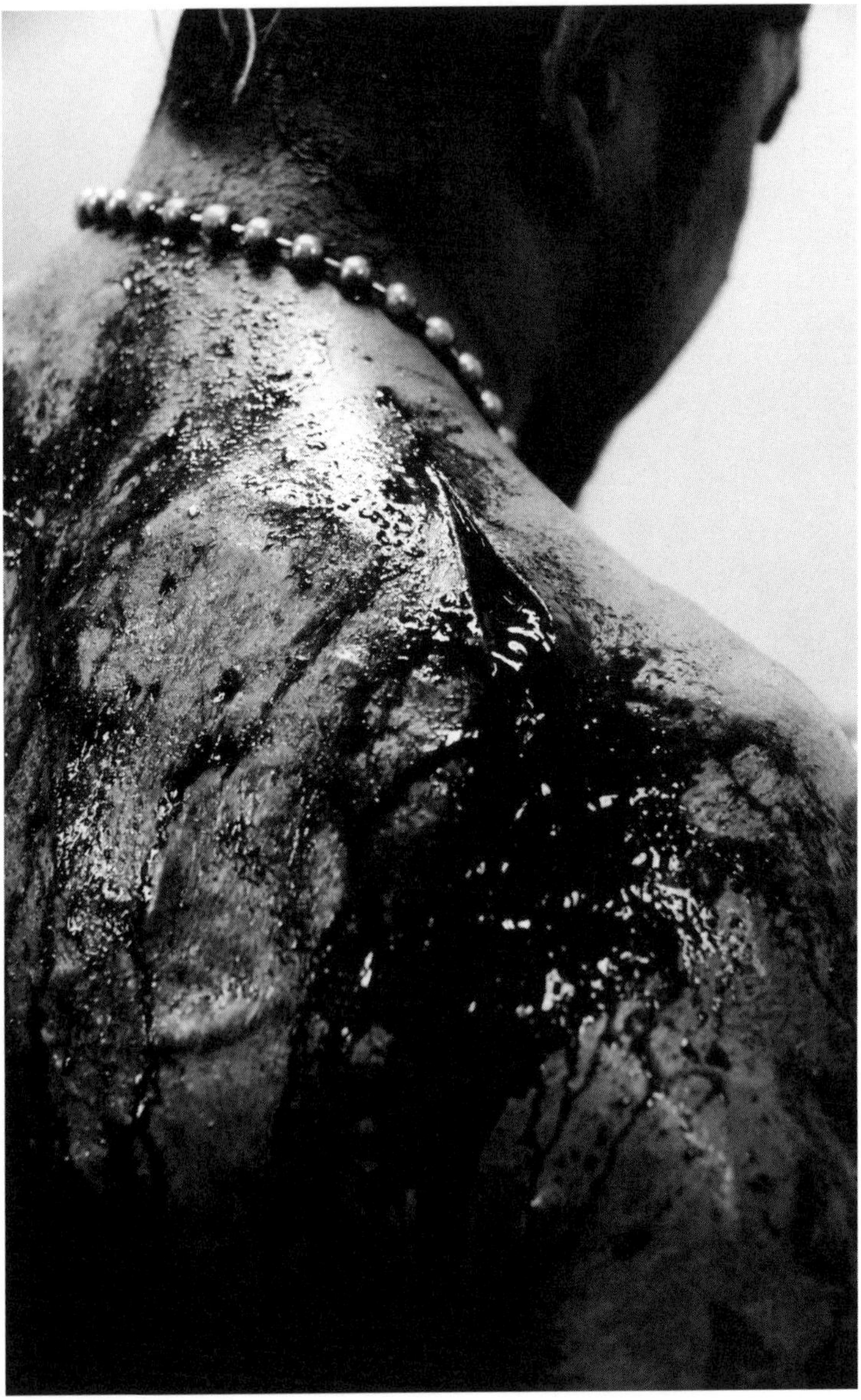

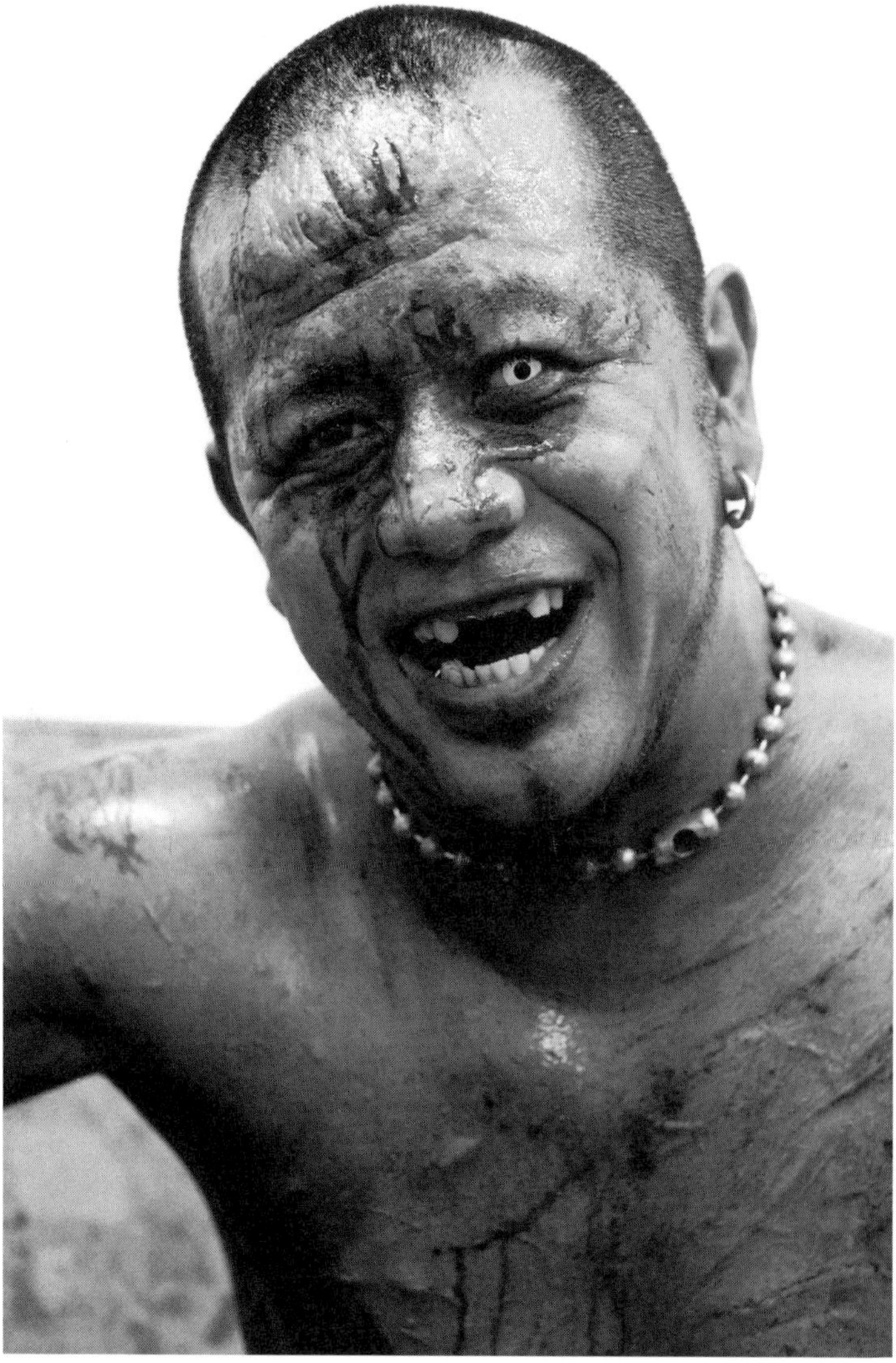

鈴木みのる×大川昇

【特別対談　その2】

あの天龍さんを○×した伝説の夜、
その一部始終を目撃していた
カメラマン・大川昇がすべてを語る！

聞き手：入江孝幸
撮　影：高澤梨緒

本当はアイドルレスラー志望
若き鈴木みのるの誤算

大川　業界的には、ほぼ同期だよね。
鈴木　俺、1987年3月に入門した。
大川　1987年5月で……。
鈴木　よし、俺のほうが先輩だ（笑）。
大川　『週刊ファイト』に入社してすぐの新日本プロレスの道場撮影で、練習生だった鈴木みのるに会っているんだけど覚えている？　コーチだったネコさん（故ブラック・キャット氏）が道場の前の道路で手押し車を始めて、「あの野郎、マスコミがきたからって急に張り切りやがって！」って、むちゃくちゃ文句を言っていた。
鈴木　（爆笑）記憶にないけど、文句を言っているのは大体、俺だよね。あの頃、不満だらけでいつも誰かの文句を言ってたからね。
大川　『俺のダチ。』（ワニブックス）を読んだけど、猪木さんが後ろを向いた瞬間に殴った話は驚いた（笑）。
鈴木　それは練習の時ね。俺が後ろ向いたら猪木さんが「オマエは敵に背中を見せるのか！」って叩いてきたんだよ。で、絶対にやり返してやろうと思って、猪木さんが後ろ向いた瞬間に後頭部をバーンっ！
大川　それからどうなったの？
鈴木　も～、ボコボコ（笑）。でも、謝る気持ちはゼロだったね。これはあまり話してないんだけど、デビューしてすぐ、道場で猪木さんにこんなことを言われたんだよ。「お前ら若手は、なんで〝せーの〟で組むんだ？」って。
大川　せーのでロックアップするのかっていうこと？
鈴木　そう。「お前、やってんのか？」と聞かれたから、「やってます」って正直に答えたら「そんなの止めちまえ！」って。「せーので始まる格闘技なんてねえだろう！」って怒られた。それで若手時代は普通にロックアップしなくなったんだよ。
大川　猪木さんとは、デビューしてすぐにシングルマッチもやっているよね（1989年3月15日の新日本プロレス、愛知県体育館大会の第1試合）。猪木さんは人を面白がることができる方だったから、〝問題児〟の鈴木みのるのことが気になったのかもしれない。若手時代はどんなプロレスラーを目指していたの？

モーリス・スミスとの運命の再戦の前日、神戸・元町にて

鈴木　華やかなコスチュームを着て、空中殺法なんかを繰り出す……。
大川　（笑）本当に？
鈴木　いや、本当にそうだったんだって！　アイドルみたいなレスラーになりたかったんだよ。でも、「オマエなんか人気出るわけないだろ！」、「小っちゃくてブサイクだから無理！」なんてジャガイモみたいな扱いされて、そりゃ文句のひとつだって言いたくなるだろ！

世紀の一戦に密着取材　戦友になった二人

大川　それからUWFに移って、藤原組、そしてパンクラスとなるわけだけど、お互いの存在を意識するようになったのは、1993年11月8日の神戸になるのかな。
鈴木　モーリス・スミス戦を取材してくれたときだよね。前日から密着してもらって、走っているところも撮ったよね？
大川　それこそトイレの中まで追いかけたよ（笑）。トイレの鏡越しの写真とか残ってるし。

鈴木　帰りの新幹線も一緒だったしね。
大川　新横浜駅でタクシーに乗って帰るところまで密着したね。
鈴木　あれほど緊張した試合は後にも先にもないよね。「どんなルールでもいいっすよ」って言ったのは俺だったけど……あの時はモーリス・スミスを超えないとパンクラスは前へ進めない、というのが俺と船木さんの共通意識だったからね。
大川　あの試合は負けたけど、ドーム（最初のモーリス・スミス戦＝1989年11月29日）を乗り越えた印象は受けた。神戸の試合後、モーリス・スミスと話してたじゃん？　二人がかもしだす空気が特別だったなって思う。翌日、新神戸から帰る時の新幹線がモーリスも同じで、そこで一緒に撮った写真が『週刊ゴング』の表紙になった。
鈴木　あの時、モーリスに「オマエ、（キックのルールで試合することを承諾して）バカだな〜」って言われたんだよ（笑）。でも、それがキッカケになって「今度は鈴木のルールで闘わなきゃいけないだろう」って後につながった。若くて弱い俺がモーリスにキックルールでチャレンジしたんだから、モーリスも俺のルールで闘わないとい

運命の再戦の翌日、戦いを終えた二人が新神戸駅でバッタリ

ハイブリッドボディに覚悟の白コスチュームで鋭い眼光をみせた

けないと思ったんだろうね。

大川　モーリスも普通なら勝ち逃げしてもおかしくはないのに、その後、3回目の挑戦も受けたのはすごいよね。

鈴木　80年代最強のキックボクサーでUFCのホール・オブ・フェイマーになったファイターだからね。そんな男と闘った人生の大事な時間を、偶然かもしれないけど一緒に過ごしたのが大川さんなんだよ。

大川　今回、この本のために昔の写真を掘り起こしていたんだけど、鈴木みのるの出番前の写真が結構あった。他の人には撮らせないでしょ？

鈴木　うん、たしかに。

大川　たとえば、試合の前後にブッチャーと撮ったツーショット写真なんて何パターンもあった。その写真があったから、ブッチャーの興行をやると決めた時に、すぐに鈴木みのるとブッチャーに組んでもらって、相手はNOSAWAと組長（藤原喜明）だなって思った。でも、その時、組長と親子喧嘩みたいな感じだったじゃない？

鈴木　いや、そんなことないよ。俺、プロレス復帰する2003年に、悔い改めたわけじゃないけど、天龍さんとか藤原さんに「また同じ業界でやらせていただきます。よろしくお願いします！」って頭を下げているからね。その後はすごく良くしてくれているよ。

大川　俺はそれを知らなかったから、組長にオファーする時に「対戦相手に鈴木みのる選手を考えてますがよろしいでしょうか？」と確認したんだよ。そしたら、あの独特の言い回しで「あの野郎は俺のコピーで商売しやがって……」って言ってたよ。もちろん、愛情がある感じでね。

鈴木　それ、今でも言われるよ。「オマエ、俺の真似してるらしいな！」って。でも、俺は真似したんじゃなくて盗んだんだよ。藤原さん自身に「盗め！」って言われていたからね。自分が言ったことを忘れているんだよ。「藤原さんのキャラでやっているんで、そろそろ辞めてもらっていいですか？」とまで本人に言っちゃうからね（ニヤリ）。

大川　（笑）正式に継がせてくださいと？

鈴木　そうするとね、「なに？　この野郎」って（笑）。今は、藤原さんが試合のオファーを受けると対戦相手に俺を挙げてくださるみたいで、すごくありがたいよね。

大川　ブッチャー興行の時、最高にかっこいいマイクをやってくれたのが印象に残っている。

鈴木　俺が？　なんか言ったっけ？

全日本プロレス参戦時からブッチャーとは特別な関係を築いた

大川　「リングに上がるのもやっとの状態だけど、俺らと一緒に血を流して、こんな70歳いねえだろ？　コイツは日本人じゃないけど、日本が誇る世界のアブドーラ・ザ・ブッチャーだ！」って。

鈴木　えぇ～？　覚えてねえな……。

大川　「日本が誇る世界のアブドーラ・ザ・ブッチャー」って名言だよね。そういえば、ずっとブッチャーから「シャチョー」って呼ばれてたよね？

鈴木　「ボスは日本語でシャチョーと言うんだろ？　オマエは俺のボスだからシャチョーだ！」だってさ。

大川　ブッチャーは組長のことは「シューター！」って呼んでたけど（笑）。

鈴木　言ってた言ってた！

一番を決める競争に加わるため根本をすべて変えた

大川　2003年にプロレスに復帰するときも、インタビュー取材や直前の合宿も撮影したよね。あの神戸以来、また特別な瞬間に立ち会えたって思ったよ。

鈴木　新潟のスキー場だ！　雪のないゲレンデをダッシュするのがすげぇキツかった。あの時の俺はレスラーとしては死にかけていたし、引退を勧める声もあった。そこで「もう一度！」という気持ちを持つことができたのは、船木さんとヒクソンの試合（2000年5月26日、東京ドーム、コロシアム2000）があったからだね。

大川　船木さんが負けた時、「俺が敵を取る！」って言っていたよね。

鈴木　船木さんが引退を表明した時、すぐにマスコミに「俺がやるしかない」って言ったんだよね。だけど尾崎社長に「残念だけど今のオマエじゃ商売にならない」って言われた。ようは俺に価値はないって断言されたわけだけど、その言葉を受け入れることはできたよ。だって、俺は当時、勝てなくなっていた時期だったしさ。いまは無理かもしれない。でも、プロレスでチャンピオンになったらヒクソンとやれるんじゃないかと思った。それで3年という期限を決めて、その間にプロレス大賞のMVPを獲れなかったらキッパリ諦めようと決めたんだよ。

大川　実際に3年でMVPを獲っちゃうんだからすごいよね（2006年度の東スポ制定プロレス大賞の最優秀選手賞を受賞）。

鈴木　でも、船木さんに言われたんだよ。「お前はお前の人生を生きろ」って。それでプロレスに向き合うことができるようになったのかな。

大川　三冠も獲ったし、GHCも獲った。それで新日本プロレスでIWGPを獲ることを目標だと宣言したでしょ。そこが一番、らしいなって。

鈴木　俺はベテランが自分のできることだけを披露する〝発表会的なプロレス〟は一切やりたくない。いつまでも一番を決める競争に交じっていたいから、何一つ諦めてないよ。今年55歳になるけど、だいぶ身体がイイ感じになってきたなって思うんだよ。最前線でやり続けるために必要ないことは全部やめた。一番重要なのはコンディションなんで、食生活もパンクラスの頃に戻したしね。

大川　今、アメリカでも鈴木みのるという名前が大きくなってきたでしょ？　アメリカで名前が売れると、また違うチャンスもくるのかなって思っているんだよね。

鈴木　海外で試合していると役に立つのが、猪木さんや藤原さんに教わった昭和の技術。向こうだと仕掛けられることはよくあるんだけど、そんなときに「オマエ、そ

最近では師匠であるアントニオ猪木を思わせる表情を見せることもある

れは良くないよ」と口で諭すのじゃダメ。そんな時に一発ですべてをひっくり返せるのは、あの時に教わった技術があるからだね。

大川　でも、本当に海外でも活躍しているよね。

鈴木　なんで海外の人が俺のことを好きなのか、不思議だけどね。俺の試合は殴って蹴ってギュッと絞めるだけなのにね（笑）。まあ、関係者にはよく「オマエみたいなレスラー、見たことない」とは言われるけど。プロレスに復帰した時は、日本人としか試合はできないと思っていた。でも、今は海外で誰とやっても困らない。どこの国でも、誰とでも、なんだったら女子とだってできる。あと、動けないレスラーとだってできるよ。

大川　そうでしょ？　そこまできたと思う。

鈴木　そこまでこれたかどうかはわからないけど、視野が変わったことだけは確かだよね。プロレスに復帰した時は自分のことしか見えてなかったけど、今は全部が見えている。こんだけやっていてもお腹イッパイにならないんだよ。なんなんだろうね、プロレスって？

大川　そう思えるのはすごいね。

鈴木　20年前にプロレスに復帰した時の感情がそのまま

残っている気がする。「もっとプロレスを知りたい」という。

大川　いまその年齢になって答え合わせができてきているんじゃない？　ゴッチさんや猪木さんに教わって、そのときはわからなかったことが、今は消化できるでしょ？

鈴木　たとえば朝、目が覚めて、飯食って、片づけが面倒くさいときってあるでしょ。「片づけるの面倒だな」って思うと、ゴッチさんと藤原さんの顔が頭をよぎるんだよ。「またサボってるのか？」って声が聞こえてくる。あの二人は怒るんじゃなくて、「オマエはサボる方を選ぶんだな。じゃあ、それでいいよ」という言い方をするんだよ。サボろうとすると「オマエはそっちを選ぶのか」って言われた気がして、「このクソジジイが！」って言いながら片づけをしたりする。まあ、幻なんだけどね。あ、藤原さんは、まだ死んでなかったか（笑）。

ルチャのジャベとゴッチ式関節技 気づいてしまった類似点

大川　この本でもう一人、対談したのがＮＯＳＡＷＡ論外なんだけど、論外との出会いも大きかったよね。

鈴木　デカイよ、アイツとの出会いは。全日本に出始めた頃、自分より有名なヤツしか俺に影響は与えられないって思っていた。でも、ＮＯＳＡＷＡとＭＡＺＡＤＡの二人は、俺が知らなかった角度から見たプロレスをたくさん教えてくれた。一番、衝撃だったのは「俺ら、いつも負けてるじゃないですか？　でも勝っても負けてもギャラは一緒ですから。大事なのは明日、もらえるかです。勝っても明日もらえなかったら０円ですからね」って。俺にはその発想がまったくなかったから、カルチャーショックだった。もう15年以上前のことなんだけど。

大川　そういう縁でメキシコにも一緒に行ったよね。この本のテーマのひとつは、海外で一緒に過ごして特別な感情を抱いた日本人レスラーなんだけど。

鈴木　メキシコか～。今も時々、メキシコからオファーがあるけど、なかなか折り合いがつかなくてね。

大川　鈴木みのるのメキシコ初上陸が２００７年５月。アレナ・メヒコで行われた「ドラゴマニア２」だけど、対戦相手にいたのが、まずオカダ・カズチカ。

鈴木　十代の時でしょ？　ぜんぜん覚えていない。もちろん今はすごいけどね。試合をしていて「なんだ、こ

2008年にはNOSAWA論外（左から2番目）らとGURENTAIを結成

れ？」って驚かされることもある。

大川　二人ともドロップキックの名手だよね。

鈴木　名手かどうかわからないけど、ドロップキックは好き。若手の頃からフォームがまったく変わってないんだよ。俺、何度練習しても両足飛びでできなくて。藤原さんから「人と同じことをする面白くないレスラーになるな」と言われていたから、「じゃあ、自分から走っていこう」と思ってできたのが、俺のドロップキック。

大川　そして、鈴木みのるというプロレスラーはルチャ・リブレも巧いしね。

鈴木　まぁ、好きだからね、ルチャ・リブレも。

大川　できるけど、それをあえてやらない凄さがあるよね。

鈴木　ブラックキャットさんがコーチだったでしょ。その時にルチャの練習をけっこうやってた。

大川　え？　そうだったの？

鈴木　新日本プロレス流の基礎トレーニングに加えてリングを使った体操的な動きのルチャの練習はよくやってたんで。あと、プロレス復帰して全日本参戦時にたまたまメキシカンの選手と一緒になって、ちょっと興味があってジャベ（ルチャ・リブレ流関節技）を「これ、どうやるの？」って教わったりもした。

大川　ちなみに教えてくれたのは誰？

鈴木　パンテーラだね。それで教えてもらっているうちに、若い頃にカール・ゴッチさんに教わった関節技と仕組みが同じじってことに気付いたんだよ。ようは見せ方が違うだけで関節の極め方は同じなんだよね。その辺りからルチャに興味を持つようになった。面白いな～って。

大川　ルチャって空中戦の華やかなイメージがあるけど、実は違うでしょ？　実際はジャベの応酬や殴ったり蹴ったりが主流だから。俺、初めてメキシコでルチャを観たとき、「全然、飛ばないじゃん！」って思ったもん（笑）。

鈴木　たしかに。全然、飛ばないもんね（笑）。

大川　日本によって今のルチャって変わってきたよね。

鈴木　ジャパニーズ・ルチャってやつだね。

大川カメラマンが目撃した天龍殴打事件の一部始終

大川　今回、鈴木みのるに対談を申し込んだ一番の理由は『俺のダチ。』にも書いてあったけど、天龍さんとの一件について話したかったからなんだよ。

鈴木　酔っぱらって殴った話？　ぜんぜん覚えてない。

大川　『俺のダチ。』では、天龍さんから見たあの事件の話が書いてあるけど、あのときカメラマンとして立ち会っていた俺が見た事実もある。そのときに見た天龍源一郎という本物がどれだけすごかったかということを伝えたくて。でも、勝手に書くわけにはいかないから当事者のお許しをもらおうと思って対談を申し込んだんです。

鈴木　何にも覚えていないから、むしろこっちが聞きたいくらいだよ。あれってゴングの企画だったよね？

大川　そう。取材の3日後に天龍さんと佐々木健介、鈴木みのるが組んで、外敵軍として新日本プロレスに乗り込むから「しま田」（世田谷の桜新町にあった天龍さんの寿司屋）にインタビューをしにいったんだよ。そこで鈴木選手がSWSのときに天龍さんのお酒を断った経緯から、「今日は呑みます！」って、すごい勢いで飲み始めたと（笑）。

鈴木　そこにいたのは、俺と天龍さん、健介、大川さん……。

大川　あとは『週刊ゴング』の吉川記者と清水（勉）さ

「しま田」にてビールで乾杯する笑顔の三人、この数時間後…

んがいた。で、吉川くんは天龍さんから呑まされて、早々に潰れてダウン。五人になって、キッカケは覚えていないんだけど、「天龍がナンボのもんじゃ！」って鈴木選手が言いだした。

鈴木　その節は御迷惑をおかけしました（笑）。

大川　そうしたら天龍さんが「おう、やってみろ！」って、ビール瓶かボトルを持ったんだよね。で、ワッとなって（天龍さんの奥様の）まき代さんが入ってきたけど、天龍さんが「大丈夫だから出ていろ」って個室からの退出を言い渡したんだよ。だから、俺たちも出ようとしたら、今でも不思議なんだけど天龍さんが俺に「オマエはそこにいろ」って言ったの。で、四人になったところで天龍さんが再び「やってみろよ！」となって……。

鈴木　大川さんというちゃんとした人を残したんだ（笑）。信じてもらえないかもしれないけど、まったく記憶がないんだよ！　次の日、家で目が覚めた時に「なんで俺、ここで寝てんだ？」ってなったくらい。

大川　殴ったのは覚えてないんだね？

鈴木　まったく！　それでパンクラスのスタッフに聞いたら、会社の車に乗せて帰ろうとしたら車のガラスを蹴り割ったと。

大川　そのスタッフと一緒に鈴木選手を担いで店の2階から下まで運んで、車に乗せたのは俺だよ。それでドアを閉めたら、中で暴れてドアのガラスを蹴破った。

鈴木　あとで修理代、払わされたっけな……。

大川　そりゃそうでしょ（笑）。

鈴木　翌日、すぐに「しま田」に電話して、菓子折りを持って謝りに行ったんですよ。そしたら天龍さん一家が食事中で。別室に連れていかれて、天龍さんに「オマエ、覚えてるのか？」と聞かれたんだよね。「すみません、まったく覚えてません」と謝っていたら、奥さんがきて「天龍を本当に殴ったのはあんただけだよ！」って（笑）。それで「次の日に謝りにきたのもあんただけだよ！　もういいよ、男の世界のことなんだから」って奥さんが言ってくださったんだよ。

大川　かっこよかったよね、まき代さん。

鈴木　天龍さんも「もういいよ、オマエは悪いことをしたわけじゃないから」って。

大川　悪いことしたわけじゃないって、指輪をはめた拳でけっこう強く殴ったよ。しかも手を出したのは鈴木選手だけだからね。天龍さんは何もしなかった。ただ殴られて、「おい、鈴木、俺、血が出てるぞ。痛いよ、鈴木」って言っただけ。普通のトーンでね。あんなに強く殴られたのに、微動だにしなかった。その本物感は感動すらあったよ。

鈴木　完全にこの対談は、あの時の真実公開になっているな……。

大川　鈴木選手がパンクラスの車で帰った後、天龍さんから「アイツは何が言いたかったんだ？」って聞かれたんだよね。俺が「たぶん彼は、まだ格闘技を引き摺ってるんだと思います」って答えたら、「あいつは何のためにプロレスに戻ってきたんだ。ファ○クだな」って笑って仰っていた。で、「遅くなると母ちゃんに怒られちゃうから」って、まき代さんと帰ってしまって、ゴング勢と健さんは「しま田」に取り残されたんだよ。

鈴木　（起立して頭を下げて）本当にすみません！（笑）たぶん、腹の中に溜ってたものを天龍さんにぶつけちゃったんだろうね。天龍さんに対しても健介に対しても、高山（善廣）に対しても、自分が劣っていることがわかってたからね。

大川　俺、すごく心配になって、取材はなかったけど3日後の後楽園ホールに行ったんだよ。たまたま天龍さんが廊下にいらっしゃったから「先日はありがとうございました」って言ったら、「おう、あの後、お母ちゃん（まき代さん）に怒られちゃったよ」って。顔を見たら顎のところに絆創膏が貼ってあった。でも、これがキッカケで天龍さんと深い縁ができたんでしょ？

鈴木　そうだね、それはその通り。

大川　俺は天龍プロジェクトのオフィシャル・カメラマンもしていたんだけど、天龍さんの最後の後楽園ホール大会があって、紋奈代表から「控室も撮ってください」って言ってもらったんだよね。それで控室に撮影に行ったら、天龍さんが「おう、みのる、こっちにこい」って隣に鈴木選手を呼んでいる場面を目撃した。そういう関係を見られたのは嬉しかったね。

鈴木　それ、最後の後楽園？

大川　そう。あの事件の夜からも付き合いが続いていて、こんなにも可愛がられてるんだって。その後の天龍さんと鈴木みのるの関係を見られたから、もう書いてもいいんじゃないかなって。腑に落ちたというのかな。

鈴木　天龍さんとはケンカじゃないんだよ。俺が一方的にぶつけて、それを受け止めてくれたというだけ。やっぱり、天龍さんはデカイなって思った。だから、いつも「大将！　大将！」って人が集まるんだなって。それは引退してからもそうだよね。そういう人は俺の人生の中であまりいなかった。

新幹線プロレス、女子とのシングル　難しそうなものほど挑戦したい

大川　天龍さんからの大きな影響を感じるよね。天龍さんは電流爆破をやったり、ハッスルに出たり……。

鈴木　マスクマンになったり……、くやしいけど、そのすべてがニュースになっている。

大川　それは『天龍源一郎がやることはないだろう』ということを実現させて、しかも、そのすべてに説得力があったからでしょ？　天龍さんがやってきたことと形や方法は違うけれど、新幹線プロレスとか、鈴木みのるもやっているように思えるんだよね、最近。

鈴木　くやしいんだよ。「鈴木にやれるわけないだろ？」っ

て言われている気がして。だから、難しそうなものほど挑戦したいと思っている。新幹線プロレスの翌日は、駿河メイちゃん（我闘雲舞）とシングルでやるんだよ。こんなに面白そうな、高いハードルはないと思ったから、オファーを受けたら「やる！」って即答だった。

大川 なんか、そういう感じがいいよね。

鈴木 誰も俺の後をついてこられないだろ？ そういう気持ちはあるよね。今ね、死ぬまでイチ選手としてプロレスを続けたいんだよ。だって、こんなに面白いこと、ないもん。たぶん、90歳になっても走っている自信はあるね。

大川 すごいところまできたね……。

鈴木 もちろん、プロだから需要がないと続けられない。いまは60、70になっても強く居続けることができるように、そのための練習をしている。昔、藤原さんに「レスラーは試合に呼ばれて、お金をもらって、お客を（満足させて）帰す。それが仕事だ」って言われたのを、今になって思い出すよね。昔は理屈を付けて他人にひけらかしていた。だけど、それをしなくなったら自分に対する言い訳もなくなって考え方も変わったんだと思う。長い付き合いの大川さんじゃなかったら、こんな話はしないよ。

大川 俺も勝手に鈴木みのるってレスラーには思い入れがある。一時期は苦しんでるなとか、イライラしてるなとか感じたけれど、いつの間にかレスラーとして幸せそうでいいなって思えるようになってきた。

鈴木 今回、こういう対談をさせてもらって、昔、一緒に話していたようなことをまとめて話せたようで楽しかった。まあ、本に載せられない話も多かったけど（笑）。

大川 こちらこそ、楽しかったです。貴重な時間、どうもありがとうございました。

鈴木みのる

1968年生まれ、神奈川県出身。1987年、新日本プロレスに入門。翌年6月、飯塚孝之戦でデビュー。1989年にUWFに移籍、藤原組を経て、1993年に船木誠勝らとパンクラスを旗揚げ。2003年にプロレスに復帰し、団体の垣根を越えて活躍。東京・原宿でアパレルショップ「パイルドライバー」（p340写真）も営んでいる。

あとがき

当作品の著者である大川昇くんとは、本当に長い付き合いとなる。同じ職場で知り合ってから36年余。これって腐れ縁？　盟友？　いや、〝戦友〟という言葉がイチバン相応しいのではないだろうか。

私が新大阪新聞の『週刊ファイト』記者として東京支社で働きはじめて1年余、１９８７年5月に彼は新人カメラマンとして入社してきた。

なんと昭和42年（１９６７年）５月生まれで、もうすぐ20歳になるところだと聞いて驚いた。

「オレもとうとう昭和40年代生まれと一緒に仕事するようになったのか！」

いまでこそ、どうってことのない年齢差だし、当時の私だってまだ25歳の若僧記者だった。それでも若いころの5～6歳という年齢差は大きい。けっこう年下に感じてしまうものなのだ。

入社当時の印象をひとことで言うなら、「おとなしい子だな」という感じ。まだ成人式を迎える前に、特殊な社会（世界）へ飛びこんできたのだから当たり前かもしれない。その一方で正義感が強いのか、納得できないことには黙っていられない性質も持ち合わせていた。

そこからスタートし、なんの因果か１９８９年のほぼ同時期に彼と私はともに『週刊ゴング』へと移籍した。そこに関して示し合わせたものはなにもない。

写真部、編集部とそれぞれ別ルートで話し動いたわけだから、「えっ、そっちも行くのか⁉」とお互いにビックリしたほど。

それ以降、『週刊ゴング』、『Gリング』、復刊『ゴング』の仕事などで関わりつづけ、気が付くと36年という歳月が過ぎていたわけである。

カメラマンとしての大川昇。

いつしか私にとって、もっとも信頼のおけるパートナーとなっていた。

プロレスカメラマンの方々の仕事ぶりをすべて把握しているわけではないのだが、すくなくとも私が仕事で組んできたカメラマンで彼に並ぶ者はいない。

プロレスカメラマンとしての必須条件――。とにかく記者以上にプロレスそのものを理解し、全レスラーの特徴や試合の攻防に精通していなければならない。

つまり、この選手はどういう動きをして、こういうパターンではどういう技を繰り出すのか？　そこをしっかりと頭に入れておいてあらかじめ絶好のポジションをキープしておく。

反対に、予期せぬアクションやハプニング、アクシデントなどが起こったときには、瞬時の判断でシャッターをきって、バックステージの控室まで追いかけていく。

そこでは経験値とアドリブ力がモノをいう。たとえば、私が『週刊ゴング』の編集長時代、テレビ解説に就いているときは別として、リングサイドの記者席で試合を見守りながらチェックしているのは、試合が8割で、カメラマンの動きが2割という感じだった。

いまの絶好のシーン、あるいは予期しない攻防の瞬間を、ちゃんとカメラマンは押さえているかな？

そう思いながらリングサイドのカメラマンの動きを確認する。

ビッグマッチであろうと、地方試合であろうと、試合前には必ずカメラマンと事前ミーティングを行なう。ただ、試合はナマモノだから時に予期せぬ出来事やアクシデントも起こるのだ。そういう場合、大川くんはこちらの指示がなくても控室に走っていく。

ときには、記者1名、カメラマン1名の取材態勢ということもある。カメラマンはなかなかリングサイドから動きづらい状況にある。

たとえばそういうときに、前半の試合ですこし気になる動きがあったとする。

試合が終わった瞬間、大川くんが記者席の私を見ている。

「控室に行きますか？」と目で問いかけてくるから、私は頷くだけでいい。こちらが黙っていてもこういう仕事ができる人間だから、団体を問わずビッグマッチでは必ず彼がリングサイドに入るようなシフトを敷いていた。

そういった私のやり方に対し、他のカメラマンからクレームがついたこともあった。

「金沢さんは、仲がいいからって大川ばかりヒイキしている」

いやいや、とんでもない話。仕事はクラブ活動ではないのだ。一番仕事ができる男だから彼に入ってもらうのである。

ゴング時代の思い出は数限りないほどある。

1999年8月のグレート・ムタvsグレート・ニタ戦（神宮球場）を控え、ニタが大阪南港で復活するパフォーマンスを撮影するというトンデモ企画を大仁田、テレビ朝日、ゴングの三社（者）で決行したことがある。

新日本サイドには伝えることなく行なった深夜のゲリラ取材だった。あのときも、スイッチの入ったヤバいグレート・ニタを撮影したのは大川くん。

「殺気と緊張感のせいで、パンツまで汗でビッショリになりましたよ！」

撮影終了後、安堵の表情を浮かべて彼はそう言っていた。

2002年6月、新日本プロレスを退団してフリーとなった長州力が、9月半ばのサイパン合宿からついに新団体旗揚げへ向け動きだした。

『週刊ゴング』1999年8月5日号

私と大川くんはすぐさまサイパンへ飛んだ。長州、石井智宏と4人で過ごした濃密な4日間。

じつは、この取材は長州本人が誘ってくれたもの。ただし、こと長州が相手となると簡単にことは運ばない。過去に何十回と取材許可をもらったうえで密着取材を行なっているが、いつだって同じ。

トレーニング中に至近距離からカメラを向けると、「気が散る！」と嫌がるし、インタビューに関しても長州の気分しだい。最高にテンションが高まったところで、「よし、インタビューやるか！」と向こうから声を掛けてくるまで待たなければいけない。

長州とはつねに我慢比べ。このときも、ようやくインタビューに応じてくれたのは、私たちの帰国前日となる3日目の午後だった。

だから、長州の取材はいつだって真剣勝負だった。そこに馴れ合いはまったくないから、刺し違えるぐらいの覚悟で挑んでいく。

このとき長州の口から名言が飛び出した。

「俺はプロレス界のど真ん中を行ってやる！」

緊張感でいっぱいのインタビューのなかで、初めて〝ど真ん中〟発言を聞いたとき、一心不乱にシャッターを切っていたのも大川くんだった。

こと、リング上、試合に関していうなら、忘れられない最高のワンショットがある。

これも長州絡みだった。１９９７年1月4日、東京ドーム大会のメインイベント。橋本真也の保持するＩＷＧＰヘビー級王座に長州の挑戦が決定。

前年12月にサイパン合宿を行なった長州のトレーニングには鬼気迫るものを感じた。その周辺で限界説、引退説が流れていたこともある。追跡取材していた私に、「これが最後のＩＷＧＰ（ヘビー級王座）挑戦」と長州は言いきった。

そして、1・4の大勝負へ。当時、絶対王者と称されていた橋本に挑んだ長州は、18分04秒、垂直落下式ＤＤＴを食って敗北の3カウントを聞いた。

ＩＷＧＰベルトを掲げ両手を突き上げる橋本。そのとき、ダウンしていた長州がセカンドロープを掴み、片膝立ちで起き上がった。

驚いたことに、あの長州が一瞬爽やかな笑みを浮かべた。勝敗がどうあれ、長州が試合後に笑みを見せるなど一度も記憶になかった。

リングサイド最前列の記者席でＩＷＧＰ戦を見守っていた私は、その一瞬垣間見せた充実の笑みにこの試合のすべてが象徴されていると思った。

編集部に戻って、表紙写真も含めたカラーグラビア用の写真選別作業に入る。当時はまだポジフィルムだから、膨大な数のポジフィルムの束からワンカットワンカット、しっかりとルーペで確認するという気の遠くなるような作業を強いられていた。

そして、探していたものを見つけた。長州が笑みを浮かべた瞬間のベストショット。大川くんが撮影したカットだった。

このＩＷＧＰ戦に大きなテーマを持って挑んでいたのは、王者の橋本ではなく、最後の挑戦と宣言した長州のほうである。彼にはそれがわかっていたから試合後、長州だけにレンズを向けていたのだ。

『週刊ゴング』1997年1月23日号

そのとき制作した表紙は過去、『週刊ゴング』において私が担当した500冊以上の表紙のなかでもリング上の写真としては、ベストショット、ナンバー1ではないかといまでも思っている。

「敗れても…俺の時代だ」

そうキャッチコピーをつけた。編集サイドの思惑、願いと、カメラマンによる手応えありのショットが完全に一致した。

そんな極めて稀有な表紙写真だったと思う。文章で記すことは簡単だ。ただし、その証拠写真がなければ説得力をもたない。

「写真は嘘をつかない」

そのことを、これほど切実に実感したことはなかった。

2004年に入って、出版不況とプロレス人気の低迷から、『週刊ゴング』の部数は著しく減少し、ついに歯止めの利かないところまできた。競合誌である『週刊プロレス』より実売数では上まわっていたものの、低いレベルでの話であり、会社はピンチに追い込まれた。

同年8月、竹内宏介社長の英断で会社を身売り。同時に私は編集長降板を申し入れ、同誌プロデューサーとなったが、新経営陣と対立し、2005年11月をもってゴングと決別した。

2007年3月、新体制を担っていたM社長が別会社の民事再生法違反で逮捕され、ゴングは終焉を迎えた。フリーの立場ながら最後までゴング再生に尽力していたのも大川くん。

互いに師と慕う竹内さんは、2006年11月に脳内出血で倒れ病床にあった。

「このままでは終わりたくない、一冊でもいいからゴングの意地を見せたいんです。協力してもらえませんか？」

彼にそう言われたら、私の返事はイエスしかない。出版元と制作元を探し、2007年9月、『Gリング』の創刊に漕ぎつけた。ところが、制作元の編集プロダクションは第2号をもってギブアップし、原稿料等も未払いのまま行方をくらました。

そこで会社を立ち上げた大川くんが制作元となり、月刊ベースで計8冊を発行したが、力尽きた。彼が抱えてしまった負債額は1000万円近い膨大なもの。それでも彼は音をあげることなく返済した。

2014年、ペールワンズ（編集プロダクション）が『ゴング』の商標権を獲得したI社と組んで月刊で『ゴング』復刊へと動いた。

編集長職を引き受けた私が、編集責任者に告げた条件はひとつだけ。リングサイドカメラマンとして、大川昇を起用すること。

大川くんも最初は渋っていた。『ゴング』という名称に大きな拘りを持っているからだ。それでも執拗な私の勧誘に折れて、彼も参加してくれた。

2014年9月に復刊した『ゴング』は爆発的に売れた。以降、2016年10月まで月刊ベースで計19冊を発行したものの、突然I社が親会社の都合で出版事業から撤退することになり休刊へ。

またも志半ばにして頓挫。大川くんと私の関係はまるで運命共同体のようだった。トライ&エラーというより、チャレンジ&チャレンジの繰り返し。だから人生、つねに波瀾万丈。

彼との関係は仕事絡みだけではない。２０１７年1月末に、私は頭部左側に出来た2㎝弱の脳腫瘍の摘出手術を受けている。本来なら術後2週間で退院予定となっていたのだが、体調が悪化し退院予定日に二度目のオペを受ける事態となった。

開頭した頭蓋骨の外側に炎症が起きていたのだ。その後、強い抗生剤の副作用から腎機能が急激に悪化し、全身が浮腫《むく》んで5日間で体重が14㎏もアップ。このまま回復しなければ透析治療まで示唆された。すでに左聴覚も失っていた。

正直、何度か心が折れそうになった。もともと負けず嫌いの私だから、弱っている自分を他人には見られたくない。そういう思いがあって、身内以外のお見舞い、面会はすべてお断りしていた。

そんな状況で、私の性格をよく知る大川くんは毎日のようにラインで写真を送ってきた。朝のウォーキングでいろいろな神社仏閣を訪れてはスマホで撮影した写真を送ってくれる。私の容態を訊ねたり、励ましたりするような文面は一切ない。

「今日は○○神社へ行ってきました」

それだけ。幸いにも40日後にようやく退院。あのとき、あらためて思ったこと。

「やっぱり写真は嘘をつかない」

そう、毎日彼が送ってくれる写真には心のメッセージが込められていたからだ。

大川昇とは、そういう男なのである。

（元『週刊ゴング編集長』　金沢克彦）

著者紹介
大川昇（おおかわ・のぼる）
1967年、東京都出身。東京写真専門学校を中退し、『週刊ファイト』へ入社。その後、『週刊ゴング』写真部で8年間、カメラマンとして活動。1997年10月よりフリーとなり、国内のプロレスだけでなく、年に3、4度はメキシコへ行き、ルチャ・リブレを20年間撮り続けてきた。現在、東京・水道橋にてプロレスマスクの専門店「DEPOMART」を経営。著書に『レジェンド～プロレスカメラマンが撮った80～90年代外国人レスラーの素顔』（彩図社）

編集協力：入江孝幸
取材協力：株式会社 CyberFight
　　　　　株式会社パイルドライバー
対談撮影：高澤梨緒

プロレス熱写時代 プロレスカメラマンが撮った日本プロレス黄金期

2023年10月23日　第1刷

著　者　大川昇

発行人　山田有司

発行所　株式会社　彩図社
東京都豊島区南大塚3-24-4
MTビル　〒170-0005
TEL：03-5985-8213　FAX：03-5985-8224

印刷所　シナノ印刷株式会社

URL https://www.saiz.co.jp Twitter https://twitter.com/saiz_sha

ISBN978-4-8013-0683-7 C0095

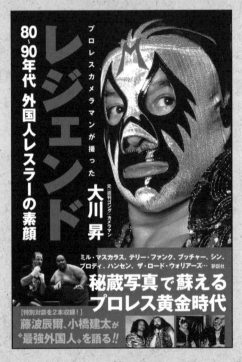